LE
TRANSPORTÉ

MÉRY

IV

PARIS
GABRIEL ROUX ET CASSANET, ÉDITEURS
24 rue des Grands-Augustins

1853

LE

LE TRANSPORTÉ

NOUVEAUTÉS EN VENTE

LES CONFESSIONS DE MARION DELORME

PUBLIEES PAR EUGENE DE MIRECOURT,

Precedees d'un coup d'œil sur le siecle de Louis XIII, par Méry

---

BALZAC.

Le Provincial à Paris	2 vol
La Femme de soixante ans	5 vol
La Lune de miel	2 vol
Petites Miseres de la vie conjugale	5 vol
Modeste Mignon	4 vol

CLÉMENCE ROBERT.

Les Mendiants de Paris	5 vol
Le Tribunal secret	4 vol
Le Pauvre Diable	2 vol
Le Roi	2 vol
William Shakspeare	2 vol
Mandrin	4 vol
Le Marquis de Pombal	4 vol
La Duchesse d York	4 vol
Les Tombeaux de Saint Denis	2 vol
La Duchesse de Chevreuse	2 vol

EMMANUEL GONZALÈS.

Memoires d un Ange	4 vol
Les Frères de la Côte	2 vol
Le Livre d Amour	2 vol

HENRY DE KOCK.

La Course aux Amours	3 vol
Lorettes et Gentilshommes	3 vol
Le Roi des Etudiants	2 vol
La Reine des Grisettes	2 vol
Les Amants de ma Maîtresse	2 vol
Berthe l Amoureuse	2 vol

ÉLIE BERTHET.

Le Nid de Cigogne	5 vol
Le Braconnier	2 vol
La Mine d or	2 vol
Richard le Fauconnier	2 vol
Le Pacte de Famine	2 vol

ROLAND BAUCHERY

Les Bohémiens de Paris	2 vol
La Femme de l Ouvrier	2 vol

Mme CHARLES REYBAUD

Thérésa	2 vol

PIERRE ZACCONE

Le Dernier Rendez Vous	2 vol

MÉRY

Le Transporté	2 vol
Un Mariage de Paris	2 vol
La Veuve inconsolable	2 vol
Une Conspiration au Louvre	2 vol
La Floride	2 vol

PAUL FÉVAL

La Femme du Banquier	4 vol
Le Mendiant noir	5 vol
La Haine dans le Mariage	2 vol

MOLÉ - GENTILHOMME.

Les Demoiselles de Nesle	3 vol
Le Château de Saint James	4 vol
Marie d Anjou	2 vol
La Marquise d'Alpujar	4 vol
Le Rêve d une Mariée	2 vol

AMÉDÉE ACHARD

Roche Blanche	2 vol
Belle Rose	5 vol
La Chasse royale	4 vol

MICHEL MASSON

Les Enfants de l Atelier	4 vol
Le Capitaine des trois Couronnes	4 vol
Les Incendiaires	4 vol

SAINTINE.

La Vierge de Fribourg	4 vol

LÉON GOZLAN.

La Dernière Sœur grise	4 vol

P.-L JACOB

Mémoires de Roquelaure	7 vol

ROGER DE BEAUVOIR.

L Abbé de Choisy	5 vol
Memoires de Mlle Mars	2 vol

EUGÈNE DE MIRECOURT.

Madame de Tencin	2 vol
La Famille d Arthenay	2 vol

SAINT-MAURICE

L Élève de Saint Cyr	2 vol

PARIS — IMPRIMERIE SIMON RAÇON ET Cie RUE D ERFURTH

LE
TRANSPORTÉ

PAR

MÉRY

IV

PARIS
GABRIEL ROUX ET CASSANET, ÉDITEURS,
24 rue des Grands-Augustins

1853

A Suez.

VII.

Lorsque l'*India-Mail* arriva, chargé de ses dépêches à Suez, M. Dherbier déjeûnait à l'hôtel de la Mer-Rouge en tête-à-tête avec M. de Céran, son gendre futur.

M. Dherbier avait visité le Sinaï et le

Liban ; il avait médité une filature sur les ruines de Pétra ; il avait rendu la vie à cinquante familles de Druses, qui mouraient de faim dans le désert, de père en fils, depuis Louis IX ; il avait enrôlé sous les pacifiques drapeaux de l'industrie un escadron de dromadaires montés par les Arabes de Thor ; il avait fait rebâtir à ses frais la façade écroulée d'un couvent maronite au Sinaï ; il avait commandé d'immenses plantations de nopals et de mûriers pour la cochenille et la soie; ses mains venaient de créer un monde au désert.

Jamais, depuis Moïse, le désert ne s'était trouvé à pareille fête.

M. Dherbier racontait sa féconde incursion à M. de Céran, et lançant ses regards de l'autre côté de l'isthme, dans le golfe arabique, il développait d'autres plans aussi merveilleux : Suez, disait-il, étend ses deux bras, l'un à l'Orient et l'autre à l'Occident ; cette position symbolique nous indique à tous notre devoir : cet isthme est le trait d'union de deux mondes.

Et M. de Céran lui répondait.

—La Bible nous dit que l'armée des Hébreux, c'est-à-dire les missionnaires de la première civilisation, étaient guidés au désert par une colonne de flamme et de fumée ; cette image est encore un symbole pour nous ; la colone de flamme et de fumée, nous l'avons : c'est la machine à vapeur.

— Ceci est profond ! disait M. Dherbier.

En ce moment on apporta la correspondance de l'univers à M. Dherbier; il y avait cinquante lettres au moins.

M. de Céran reçut les siennes aussi par le même courrier.

M. Dherbier se précipita sur le faisceau épistolaire et le dépeça comme un lion fait de sa proie.

Les enveloppes jonchèrent le parquet en un clin d'œil.

Le grand industriel lisait quatre lettres

à la fois, et il donnait à chacune son commentaire en quelques mots.

— Hambourg marche bien.

La garance a réussi à Pétersbourg.

Je suis content d'Avignon.

Mes piastres sont arrivées à propos à Livourne.

Bon ! mes blés sont partis d'Odessa !

La saison est favorable sur la mer Noire.

Crépin m'a compris à merveille à Constantinople.

Au Havre le résultat baleinier est superbe.

Je donnnerai deux primes à Laurençon.

Mon sel est attendu à Calcutta ; Guillemot doit avoir doublé le Cap ; il trouvera les moussons.

Mes actions haussent à la Nouvelle-Orléans, je l'avais prédit.

La banque de Marseille est une superbe opération.

Mes Terre-Neuviers ont tenu ce qu'ils ont promis.

Succès partout.

Les commentaires furent suspendus par une lecture qui paraissait émouvoir vivement M. Dherbier ; la lettre qu'il venait d'ouvrir était timbrée de Liverpool.

— De Céran, dit-il d'une voix tremblante et le visage couvert d'une pâleur mortelle, voici une lettre que je ne comprends pas, ou que je comprends trop ! c'est M. de Jackson de Liverpool...

Il essuya quelques larmes et lut à haute voix :

« Monsieur,

» Votre fils, M. Antonio Dherbier, m'a remis vos honorables lettres, déjà de date assez vieille, j'ai réglé nos affaires avec lui, conformément à vos intentions. Notre compte réglé jusqu'à ce jour, je me suis reconnu votre débiteur de six mille trois cents livres, soit cent cinquante-sept mille cinq cents francs. Je lui ai donné une traite de pareille somme sur la maison Hobbes, de New-York, pour faciliter ses opérations avec cette place, où il se rend.

»Sur ma recommandation, il a pu noliser pour neuf mille livres de nos produits les plus demandés aux États-Unis, sur le trois-mâts l'*Arthur,* à bord duquel il a pris passage ce matin.

»Notre maison Clark vous fournit sa traite de pareille somme fin octobre prochain.

»Par le même courrier, M. votre fils vous confirmera la présente et vous donnera des détails sur son voyage à Glascow ; je serai charmé d'apprendre qu'il vous fait bonne mention de l'accueil paternel qu'il a reçu dans ma maison.

» Votre vraiment dévoué,

» Jackson. »

M Deberbier frappa la table de son poing, en s'écriant : Mon fils à New-York ! mon fils à Glascow nolisant des navires ! c'est le diable qui a pris le corps et le nom d'Antonio !... et point de lettres de lui !... voyez !... pas une autre de Liverpool !.... Sa dernière, je l'ai reçue à Alexandrie... elle était de Londres... Antonio m'y parlait de son travail sur l'atlas du major Lamb... Ce garçon s'est perdu !... il a fait

quelque folie atroce !... et il va bon train !
du premier coup, il me dévore un demi-
million ! Ah ! voilà une lettre de madame
Dherbier... je ne l'avais pas vue d'abord...
elle me dit quelque chose d'Antonio peut-
être... voyons !

Hyères... 42.

« Mon ami,

» Nous avons tous des remercîments à adresser à votre excellent frère; rien n'est doux comme son hospitalité.

» Nous passons des journées charmantes dans le plus beau site du monde.

» C'est bien ici que la nature... (Au diable la nature ! la voilà dans ses folies, ma femme!...) des horizons de palmiers et d'orangers... (Elle ne sortira pas de ses orangers!...) La sérénité du ciel donne la sérénité de l'âme .. (Les livres la perdent, cette pauvre madame Dherbier!..) Qu'il faut peu de chose au bonheur ! et... (Rien sur Antonio! rien! Il y a deux pages comme ça sur les orangers et les horizons... Ah ! il y a un post-scriptum...) Vous saurez, mon ami, que notre chère Hélène lit assez volontiers les lettres que votre frère reçoit du colonel... (Ah ! qu'ils aillent se promener avec leur colonel ! Eh ! oui, introduisez-moi un soldat dans la maison, afin qu'il sabre tout.) Cette lettre de ma femme n'a pas le sens commun ! elle ne paie pas son port. Je vais lui répondre avec ma concision ordinaire : de Céran, vous allez être content de moi... Donnez-moi cette plume.

Suez... 42.

« Ma chère amie,

» En recevant cette lettre, vous ne perdrez pas un instant ; vous écrirez à votre faiseuse de Paris, et vous lui commanderez le trousseau de noces d'Hélène ; tout ce qu'il y a de plus beau et de plus complet, comme pour la fille d'un roi.

»Point de robes d'hiver; il n'y a point d'hiver dans le pays qu'habite le futur d'Hélène.

»On ne travaillera que sur les étoffes des autres saisons.

»Je recommande bien et je paie de même. La plus grande célérité.

»Dherbier. »

De Céran tendit la main à Dherbier et la serra sans dire un mot.

M. Dherbier partagea cette effusion de cœur, et rouvrit la lettre de M. Jackson pour en méditer chaque expression.

Après quelques minutes de recueillement, il continua, d'un air sombre, le dépouillement de sa vaste correspondance, et il découvrit encore une lettre de famille ; il la décacheta avec vivacité, dans l'espoir d'y trouver quelques nouvelles d'Antonio, et la lut pour lui seul. Elle était ainsi conçue :

Hyeres... 42.

« Cher frère,

» Ta femme, qui est ma chère belle-sœur, et ta fille Hélène, qui est ma chère nièce, sont deux femmes charmantes, mais je suis à bout de mes inventions pour les amuser.

» Elles ont abandonné la promenade en bateau, le whist, l'escarpolette, le jeu de bagues, le billard; elles ont épuisé leurs livres et les miens; je leur ai conté toutes mes historiettes; maintenant nous passons des journées entières à regarder la mer.

» Il faut trancher le mot, ces dames s'ennuient à la mort, et si tu n'y prends garde, ta femme Eugénie s'inventera une maladie que les médecins n'ont pas prévue, et qu'on peut appeler la phthisie mentale.

» Elle est arrivée au deuxième degré.

» Il me reste encore une ressource pour

donner à ta femme vingt jours de contentement, mais je te préviens que je te passe en compte courant cette ressource, pour la somme qu'elle me coûtera.

» J'en ai déjà payé trois de ces ressources, et tu paieras la quatrième; je suis trop pauvre, moi, pour obliger des Crésus comme toi.

» Tu ne te fâcheras point de cette plaisanterie, cher frère; n'est-ce pas? Or, voici de quoi il est question.

» Je vais donner un quatrième bal chez moi; j'ai une terrasse magnifique, où ta femme et ta fille dansent avec un plaisir étonnant.

» Au dernier bal, j'avais quarante-deux dames et cent cavaliers.

» Nous avions trente officiers de marine, plusieurs colonels et trois jeunes lords qui habitent Hyères.

» Avec Hyères et Toulon, je pourrais donner un bal tous les jours, si j'étais riche comme toi.

» Ta femme est la reine de ces réunions champêtres; on l'entoure d'hommages, on l'accable de galanteries, on l'engage pour cinquante contredanses, enfin on la préfère à sa fille, qui est généralement appelée sa sœur.

» On danse jusqu'au jour; ta femme ouvre le bal, le continue et le finit.

» Voici le mauvais côté de ces sortes de plaisirs ; ils ont un lendemain triste.

» Ta femme n'est plus reconnaissable vingt-quatre heures après ; on voit qu'elle se souvient trop de sa joie innocente de la veille.

» Aussi, je suis bien persuadé que je vais la guérir de ses ennuis, en lui annonçant mon quatrième bal.

» Il y aura vingt jours de préparatifs qui amusent autant que les contredanses ; ma belle-sœur Eugénie est chargée de la liste des invitations ; elle a une mémoire prodigieuse pour retenir les adresses, les noms et les titres.

» Quant à moi, je t'avoue, cher frère, que

tout cela m'ennuie beaucoup ; chaque bal ravage mes jolis arbres et mes fleurs ; mais il faut bien souffrir un peu pour donner beaucoup de joie à sa famille.

» Tu vois que je seconde de mon mieux tes intentions...

— Mes intentions ! s'écria Dherbier en jetant la lettre sur la table ; mes intentions !

Il se leva et se promena à grands pas, en répétant la dernière ligne de la lettre fraternelle.

— De Céran, dit-il, j'ai un frère comme il n'y en a pas.. Il est d'une candeur de patriarche ! Je lui confie ma femme et ma fille, comme vous savez; je lui recommande de veiller sur ces têtes romanesques..... non pas que je craigne..... mais enfin, il faut toujours veiller... Eh bien ! ce maudit frère me joue un tour infernal .... de bonne foi. . . comme un naïf campagnard qu'il est. Il perd ma femme ! il la lance dans des quadrilles de marins et de soldats !... Il me tue !. . C'est un véritable fratricide ! Sur mon honneur, voilà quatre personnes qui semblent aujourd'hui se concerter pour me détruire . mon fils, ma fille, mon frère et ma femme !... J'ai organisé les Druses et les Arabes de Thor, voilà quatre personnes qui me désorganisent, moi !... Voyons, de Cérah, je n'ai jamais demandé de conseils à personne, mais aujourd'hui... de Céran, que feriez-vous?...

— Il faut écrire...

— Écrire quoi?... écrire à mon frère?.. lui défendre de donner des bals! montrer de la jalousie à mille lieues de distance! me faire chansonner par l'armee d'Afrique et l'escadre de Toulon!... sous prétexte que ma femme s'ennuie!.. Belle excuse!.. comme si les femmes de ménage doivent s'amuser!.. On sait ce que nous devenons quand elles s'amusent!.. En attendant, voilà mon fils à New-York avec trois cent mille francs qu'il m'emporte!... Cet enfant me ruinera!.. Un conseil, de Céran, un conseil, au nom de Dieu! A ma place, que feriez-vous?

— Ce que je ferais?.. le voici. Je partirais avec moi pour la France sur-le-champ.

— Après?

— Je marierais ma fille...

— Avec qui ?

— Comment! avec qui?... mais il me semble...

— Oui, oui, c'est juste .. pardon . avec vous... ma tête brûle... Après...

— Je partagerais les soucis industriels avec mon gendre, et j'aurais ainsi plus de loisirs pour ramener ma femme au sentiment de ses devoirs domestiques.... en ne la quittant plus.

— Bien ! Et mon fils ? et Antonio ?

— J'écrirais à New-York. Vous avez des amis à New-York ?

— J'en ai cent.

— Écrivez une circulaire.

— Et mes affaires ici... à Suez, au Liban, au Sinaï, à Pétra, au Caire, à Bombay...

— Rien ne sera négligé... Vous vous donnez un congé d'un mois... L'Égypte attendait depuis quatre mille ans sa résurrection ; qu'est-ce qu'un mois de plus ? Vos affaires domestiques doivent passer avant tout.

— Hélas! oui.

— Songez qu'après-demain le *Polyphemus* part d'Alexandrie. Dans neuf jours vous pouvez être à Toulon.

— Neuf jours!... il a raison!... En neuf jours de Suez à Toulon! C'est incroyable! Et qui sait encore ce que l'avenir... Oui, voilà le seul parti à prendre... Il faut partir... Retenons tout de suite deux places sur le *Polyphemus.*

— Justement, M. Cotajar, *midshipman* du *Polyphemus,* monte en voiture dans la cour de l'hôtel... Il arrivera cinq heures avant nous. Je vais le prier de se charger de votre commission.

— Allez vite, de Céran... Oh! quelle

philosophie il faut subir dans certaines occasions!.... On tient les intérêts du monde entier dans ses mains, on a son bonheur même; on se dispose à le donner... Une femme, une fille, un frère, un enfant se jettent sur vos bras, et vous les brisent... Malédiction !

L'hospitalité.

VIII.

Dherbier appela son domestique, ramassa ses lettres éparses, donna ses dernières instructions, et les monosyllabes de désespoir qu'il échangea avec les phrases de consolation de M. de Céran n'ayant pas assez d'importance pour être mentionnés ici, nous le quitterons à Suez pour le revoir de l'autre côté du ruisseau méditerranéen.

Les fictions de Moïse et d'Homère passeront toutes à l'état de réalité.

Le géant Polyphême courant dans la mer d'Agrigente, un mât à la main en guise de bâton, n'est pas une chimère en 1843.

Voyez passer le géant, le même que vainquit Ulysse avec un calembourg grec inventé par Homère endormi.

Polyphême, toujours appuyé sur son mât, court avec son œil de flamme devant les montagnes aimées de Théocrite; il ne s'est arrêté qu'un instant dans l'île de Calypso, où passent tous les Ulysses de la diplomatie ; et aussi agile que le char de Neptune, qui bondissait d'un horizon à l'autre, à ce que dit l'Iliade, il va dans son sixième élan toucher le môle de la ville des Phoceens, encore toute pleine de Grecs parlant provençal.

Cela veut dire : le *Polyphemus* est parti d'Alexandrie, a touché Malte du bout de son gouvernail, et il arrive à Marseille le sixième jour.

M. Dherbier et M. de Saint-Céran ne se tiennent pas pour arrivés.

Il leur faut encore six heures de chaise

de poste; six pas quand on vient de la mer Rouge.

On arrive à Hyères, hôtel de l'Europe, nuit close, incognito; M. Dherbier est en proie aux plus vives émotions, il lui semble que le premier renseignement demandé va lui apprendre qu'il n'a plus d'autre famille que son portefeuille et son coffre-fort.

Nous devons ajouter à son honneur qu'il sacrifierait de grand cœur ceux-ci pour regagner l'autre.

Tous les instincts généreux se sont réveillés en lui; ils n'étaient pas absents, ils dormaient.

Le plan des deux voyageurs avait été

arrêté dans les eaux de la Sicile, un jour que le calme de la mer donnait l'agitation à l'esprit.

Rien n'est habile comme le hasard pour vous faire arriver à propos à l'heure des angoisses, lorsqu'une horloge doit la sonner pour vous quelque part.

Le bal annoncé par le frère Dherbier dans sa lettre, était l'entretien des oisifs de la ville d'Hyères; on devait le donner le lendemain.

De Céran avait atteint son but d'esprit sérieux et d'homme ruiné.

Il s'était fait indispensable chez Dherbier; il doublait pour ainsi dire son ange gardien : il avait pris sur l'opulent industriel une autorité d'autant moins soupçonnée qu'elle avait toutes les apparences de la soumission.

En ce moment, cette relation prenait un caractère intime, parce qu'elle établissait entre eux une solidarité ressemblant assez à une complicité coupable.

De Céran créait un plan orné de toutes ces combinaisons victorieuses, et il engageait si adroitement l'entretien avec Dherbier, que celui-ci s'en attribuait toujours l'invention.

De cette manière, de Céran était regardé comme un homme fécond en grandes idées industrielles, mais fort ignorant dans les choses vulgaires de la vie et qui avait besoin d'un guide comme Dherbier pour marcher dans la voie des humbles accidents domestiques.

Le meilleur procédé pour conduire les gens est de leur laisser croire qu'on est conduit par eux.

— Je vais donc faire ce que vous voulez, dit de Céran, le soir du bal; vos yeux aideront mon aveuglement. Au revoir, à bientôt.

Il prit un cheval de louage, comme fait un savant en exploration, et il se rendit par un chemin de montagne au château de D.... dont les tourelles féodales, s'élevant par dessus des rideaux d'orangers et de cyprès, regardent les îles d'Hyères et la mer.

M. de G..., le gracieux et hospitalier possesseur de ce vaste domaine, accueillit fort bien le voyageur sans le connaître.

— Monsieur, lui dit de Céran, mettant pied à terre, est-ce bien le chemin qui conduit aux ruines de Pomponiana?

— A peu près, dit M. de G..., mais il me semble, monsieur, que le jour est trop avancé. Il vous faut une bonne heure de marche pour atteindre Pomponiana. Passez la nuit au château, et demain je me ferai un vrai plaisir d'être votre cicérone.

— On n'est pas plus obligeant, monsieur ; je ne me serais jamais douté de trouver un guide aussi éclairé dans ce désert.

— C'est le seul plaisir que j'estime ici, celui d'accueillir de mon mieux les étrangers. Malheureusement le hasard n'est pas prodigue de ces occasions.

Un domestique prit le cheval de M. de Céran.

— Vous me permettez donc de causer un instant avec vous? dit de Céran à son hôte.

— J'espère mieux de votre complaisance, répondit M. de G.... La nuit vous surprendrait dans ces montagnes ; j'espère que vous la passerez au château, et que vous accepterez un couvert à mon dîner de campagnard.

— Vraiment, monsieur, la campagne se fait ville ! aussi, voyez, je suis en habit de salon ; c'est d'ailleurs une mode anglaise assez distinguée de rendre visite aux ruines en costume de bal. J'aime assez ce respect, cette vénération accordée aux reliques des anciens.

Puisque vous avez la bonté de tout accepter, on donne ce soir un bal délicieux à mille pas d'ici... Aimez-vous le bal ?...

— Oui, comme observation, comme étude, comme manifestation de caractères...

— Eh bien ! vous épuiserez votre complaisance, vous nous accompagnerez au bal...

— Accepté de grand cœur... J'ai un système sur les ruines de Pomponiana, et je vais le développer dans un mémoire à l'Institut. Je crois que Pomponius était un riche Romain qui s'exila volontairement de Naples, en 76, après l'éruption du Vésuve, et qui vint fonder une ville ici, dans une localité qui lui rappelait le cap Misène, le golfe de Baïa et les îles de l'archipel parthénopéen. Vous savez que Pline, en 78, dit à son pilote, le jour de l'éruption volcanique : *Verte ad Pomponium*, sous-entendu *proram*. J'ai conclu de ce passage que le Pomponius, ami de Pline, est le fondateur de Pomponiana. C'est un système assez raisonnable, comme vous voyez...

— Et qui peut se soutenir.

— C'est ce que je pense... mais puisque nous parlons des anciens, suivons leurs préceptes, et renvoyons les choses sérieuses à demain; *ad crastinum seria...* On donne des bals ici !

— Comment ! des bals superbes !

— Y a-t-il affluence de dames ? demanda de Céran d'un air distrait.

— Des dames charmantes ; les dames de la maison d'abord, la mère et la fille, ou les deux sœurs, comme on les appelle. Je vous dirai même en confidence que le bal de ce soir est un avant-goût d'un bal de noces.

— Ah ! on se marie aussi dans ce désert ! dit de Céran en coupant une feuille de maïs... Ce maïs est d'une très-belle venue ; on dirait du maïs d'Égypte... Et nous verrons ce soir la jeune beauté pour laquelle on va préparer les flambeaux de l'hymen ?

— Oui, c'est mademoiselle Dherbier...

De Céran fit un mouvement nerveux qu'il mit sur le compte d'un insecte qui l'avait piqué au visage, et reprenant bien vite son sang-froid, il dit, en rajustant ses lunettes, ébranlées par la convulsion :

— Mademoiselle Dherbier !... il me

semble que ce nom ne m'est pas inconnu...

— Son père est l'industriel par excellence... un homme qui tient une poignée de millions dans chaque main, et qui les verse en détail sur les deux mondes ..

— Ah! oui! oui... M. Dherbier... de Paris... dit de Céran, la main sur le front comme pour en arracher un souvenir.

—En ce moment, il est en Égypte... et sa femme vient de recevoir de lui une lettre qui accepte le gendre proposé par elle, et qui commande le trousseau de la mariée.

— Voilà un gendre bien heureux; la dot sera superbe... Ce gendre a sans doute nen position sociale convenable? demanda de Céran de l'air d'un homme qui interroge au hasard, et comme pour ne pas laisser mourir la conversation.

— C'est le colonel de Saint-...

— Ah! c'est un colonel !

De Céran flaira voluptueusement une orange verte et ajouta :

— Les colonels sont à la mode depuis quelque temps... C'est un mariage d'inclination, probablement? on n'en fait pas d'autres aujourd'hui.

— Oui. On dit que les fiancés ne se haïssent pas; trente-deux ans d'un côté, seize de l'autre...

— Assortis, assortis... Et le colonel est en congé, probablement?

—Il est rentré avec son régiment après une belle campagne... Il sera maréchal-de-camp à la première promotion.

— Ce doit être bien doux pour la mère.. madame Dher...

— Dherbier.

— Madame Dherbier... Il me semble que j'ai vu cette dame, dans le monde, à Paris... une femme charmante, vive, même un peu évaporée, aimant l'encens de l'adoration... Une femme dangereuse... sage au demeurant... mais...

— Jusqu'au *mais*, le portrait me paraissait assez vraisemblant... oui, vous devez l'avoir vue; au reste vous la reverrez... dansez-vous ?

— Oh ! monsieur !.. j'exerce des fonctions trop graves pour me permettre... je vais au bal, mais je ne danse pas... Si l'on savait que j'ai dansé, on me placarderait dans le *Charivari*. Je suis candidat au collége de... On compte sur soixante voix de majorité en ma faveur.

On sonna la cloche du dîner.

A table, la conversation roula sur le projet de creuser un port dans l'anse naturelle de Carqueirane.

M. de Céran promit de soutenir ce projet à la chambre, quand il serait député.

Immédiatement après le dîner, on partit pour le bal.

Un fils de famille.

IX.

Il faut aujourd'hui raconter les voyages avec l'agilité qu'on met à les accomplir; il est plus facile de faire quatre kilomètres que d'écrire quatre lignes.

Quand l'abbé Prévôt faisait voyager ses

héros de roman, il leur donnait une page de procès-verbal par lieue.

En 1842, nous prenons nos héros à Liverpool : nous leur prêtons les ailes de la vapeur, et notre phrase finie, nous les déposons au pied de l'Atlas.

Antonio demeura prisonnier des bandits jusqu'à l'entier accomplissement d'une œuvre de spoliation ; il ne leur fallut qu'une semaine pour découvrir, à Londres, à l'agence du crime, un jeune Français de l'âge et de la tournure d'Antonio, pour lui donner ses instructions et l'envoyer chez M. Jackson, où le plan, ainsi que nous l'avons vu, obtint ce succès presque toujours réservé aux actions criminelles.

Un matin, Antonio trouva la porte de sa chambre noire toute large ouverte ; il crut que, selon son usage, la vieille femme venait lui apporter son pain quotidien représenté par des patates cuites sous la cendre ; mais ne voyant rien paraître, au bout d'une heure il hasarda une sortie dans la pièce, puis dans le vestibule ; et personne ne se montrant, il ouvrit la porte et s'élança dans la rue avec l'agilité de l'oiseau délivré.

De *Lime-Street* à Adelphi-Hôtel, il n'y a que vingt pas, il courut donc chez lui, et demanda le *land-lord* d'Adelphi, auquel il fit confidentiellement l'historique de tout ce qui s'était passé.

Le *land-lord* lui dit :

« — Monsieur, vous vous êtes sauvé, par miracle, des mains de ces brigands. Cette horrible maison m'est connue ; elle n'a pour locataire qu'une femme folle et hideuse qui, dit-on, a perdu la raison devant une épouvantable scène dont elle fut témoin.

— Et la police, dit Antonio, ne peut-elle pas défendre les gens contre le guet-apens perpétuel de cette maison ?

— La police, monsieur, dans ce pays, ne connaît pas les usages de France, elle n'a point d'effet préventif ; elle a d'ailleurs une grande force extérieure, mais le domaine intérieur lui est interdit. C'est aux citoyens à veiller sur eux.

—J'irai me plaindre au *police-magistrat*, s'écria Antonio.

— Vous pouvez aller vous plaindre, dit froidement le land-lord, mais ce sera sans résultat. Croyez-vous d'ailleurs que vos bandits attendent dans leur antre le *police-magistrat?* Ils ont fait leur coup chez M. Jackson, et à cette heure ils sont déjà en pays étranger. Savez-vous, mon jeune monsieur, ce qui s'est passé l'autre jour dans cette même Lime-Street? Un industriel a ouvert la *taverne de la Tempérance;* il a inventé des liqueurs conformes aux statuts de la société, des liqueurs innocentes, de l'eau pure de la Mersey colorée au porter, au sherry, au rhum, au porto : deux marchands, qui n'étaient pas tempérants, arrivent de Manchester, entrent dans la taverne et boivent trois sortes de liqueurs tempérantes. Le soir, chez eux, ils éprouvent des nausées, des déchirements d'intestins, tous les symptômes de l'empoisonnement. Aussitôt ils se rendent chez le *police-magistrat*. — Nous avons été empoisonnés, lui disent-ils, à la taverne de la Tempérance, *Lime-Street*; nous demandons vengeance à la loi.

— Êtes-vous bien sûrs d'avoir été empoisonnés? leur dit le magistrat.

— Horriblement empoisonnés, honorable juge.

— Eh bien! mourez... et quand vous serez morts, on fera l'autopsie de vos cadavres : si l'autopsie démontre votre empoisonnement, l'homme de la taverne sera pendu. Voilà la seule justice que notre loi pouvait leur rendre.

— Mais, s'écria Antonio, moi, j'ai été volé, c'est évident.

— Oui, dit le land-lord ; mais volé dans une maison close, dans une maison infâme, où un gentleman n'entre pas sans se déshonorer. La procédure vous flétrirait.

—Eh! que faut-il donc que je fasse, monsieur le land-lord?

— Il faut vous taire et profiter de la leçon.

Cette dernière phrase fut prononcée avec un sourire et un ton de douceur qui en corrigeaient la crudité.

Un violent désespoir s'empara d'Antonio.

Déshonoré ! déshonoré ! se dit-il mentalement quand il se trouva seul ; ces bandits ont peut-être même ruiné mon père ! Le land-lord a raison, je suis fletri !... Je ne puis plus me représenter ni chez M. Jackson, ni chez mon père... Je me tuerai.

Il descendit sur le port, du pas et de

l'air qui annoncent une résolution fatale ; il longea les rives, les murailles des docks, la longue chaussée qui aboutit au moulin, et se trouva bientôt sur les grèves humides, limoneuses, décolées, que découvre la marée basse à l'embouchure de la Mersey.

Le paysage conseillait le suicide.

Une vapeur sombre voilait l'océan voisin ; a travers le crêpe du plat horizon, un vaisseau à l'ancre s'agitait devant la citadelle ; sur les deux rives, pas une figure humaine ne se montrait pour animer les campagnes en deuil.

Antônio avait résolu de s'étendre sur un

lit de cailloux et d'attendre la marée montante qui devait l'étouffer.

Une bonne inspiration le sauva.

La voix intérieure qui lui parlait fut écoutée à l'heure de l'agonie volontaire.

Antonio se voyant mourir si jeune et si fort, eut compassion de lui-même; il tourna ses regards du côté de la ville immense, toute pleine du glorieux fracas du travail, et rougit de sa faiblesse devant ce géant industriel qui agite entre deux horizons sa chevelure de mâts.

Un noble projet chassa le projet coupable; comme l'enfant prodigue, il dit :

Je me lèverai et j'irai!

L'argent lui manquait, mais il avait encore une bonne ressource dans ses bagages de voyageur opulent.

Rentré à Liverpool, il n'hésita pas de vendre cette propriété inutile à un de ces *pawn-brokers* qui attirent les jeunes gens de famille au son de leurs trois boules de métal.

Cette affaire d'usurier légal terminée à mille pour cent de perte, Antonio prit passage à bord du *Thunder*, paquebot qui va de Liverpool à Gibraltar en quatre jours.

A Gibraltar, un autre paquebot le reçut, et le déposa endormi sur le môle d'Alger.

A son réveil, il tourna ses regards vers

le nord pour voir si les édifices culminants de la *Nécropolis* de Liverpool ne se montraient pas à l'horizon.

Les oiseaux voyageurs n'accomplissent pas aussi promptement leurs migrations périodiques.

L'Océan est un chemin de fer.

Le projet d'Antonio était fort simple pour un jeune homme de vingt ans ; il s'agissait de s'engager comme simple cavalier dans les spahis, avec la protection de ce superbe officier qu'Antonio avait connu à la table d'hôte à Toulon, et qui portait le surnom de Rustan-Bey.

Les renseignements qu'on lui donna à l'état-major n'étaient pas très-précis ; il se mit à la suite de plusieurs convois pour découvrir le cantonnement de Rustan-Bey; lorsqu'il fut au terme de ses courses, et qu'il reconnut son brillant officier à la tête d'un escadron de spahis, son courage expirait dans les premières atteintes de la fièvre d'Afrique ; les inquiétudes brûlantes avaient agi sur son tempérament bien plus que le climat.

Rustan-Bey reconnut Antonio, lui serra les mains avec feu, et écouta sa confession.

— Mon cher ami, lui dit-il, vous vous êtes exagéré vos fautes ; c'est louable, mais c'est absurde. Votre père ne sera pas ruiné pour votre équipée de Liverpool, mais il serait assassiné par moi si je consentais à vous mettre en campagne, faible et délicat comme vous êtes. En ce moment, ce n'est pas un cheval qu'il vous faut, c'est un médecin : je vais vous envoyer le mien. Dans quelques jours, le colonel de Saint-..., qui commande notre cantonnement, part pour la France ; il va se marier : je vous remettrai entre ses mains, et il vous rendra en bonne santé à votre père, car je vous apprends, si vous l'ignorez, qu'il épouse votre sœur.

— Le colonel Saint-... est ici ? demanda vivement Antonio.

— Ici, à vingt pas de nous.

— Le même qui était à Paris l'an dernier ?

— Oui, en congé.

— Quel bonheur ! c'est un ami de famille ! Je m'engagerai dans son régiment !

— Vous ne vous engagerez pas, mon étourdi monsieur. Le colonel vous fera saisir par quatre spahis, et vous ramènera chez votre papa. Vous allez voir...

Tout arriva au gré de Rustan-Bey.

Le colonel Saint-... fit une leçon paternelle à Antonio, lui rendit la tranquillité d'esprit, et avec elle la convalescence et la santé.

Quelques jours après, le colonel et le jeune homme étaient sur la grande route qui emporte, en quarante-huit heures, un paquebot d'Alger à Toulon.

Après ces quelques lignes d'explication, nécessaires pour justifier la rentrée d'Antonio à la fin de cette histoire, nous revenons au bal au moment de l'arrivée de M. de Céran.

Au bal.

X.

On dansait aux étoiles par une de ces belles nuits que l'été lègue à l'automne.

Le parterre, privé de ses fleurs, était jonché de jeunes femmes et de jeunes gens.

Les quadrilles tourbillonnaient avec ce frémissement de pieds de satin et d'étoffes flottantes qui annonce l'ivresse du bal.

Il y avait dans l'air ce charme sensuel que la nuit verse aux campagnes; les joyeux et frais visages, les cheveux de soie, les couronnes d'épis ou de verveine se croisaient avec des constellations d'yeux noirs, avec des faces guerrières brûlées sous les mâts de nos escadres ou sur le sable des déserts africains.

L'orchestre de l'amiral avait adouci sa formidable voix d'abordage et jouait avec toute la verve de ses cuivres les airs qui donnent le délire aux pieds, la flamme au front, l'extase au cœur.

Un homme venait d'entrer sur la terrasse, et debout, immobile, l'œil fixé sur une femme, il ressemblait à une protestation vivante de la douleur contre le plaisir.

C'était M. de Céran.

Madame Dherbier était la femme sur laquelle plongeait un regard scrutateur; les femmes au bal ne regardent jamais ce qui se passe en dehors du quadrille qui est leur univers.

D'ailleurs, M. de Céran ne craignait pas d'être reconnu, il n'avait été vu qu'un seul instant, à Toulon, par la mère et la fille, et depuis cette visite d'un instant, il avait donné à son visage un caractère oriental qui l'aurait rendu méconnaissable à l'œil de ses meilleurs amis.

Madame Dherbier dansait comme une femme qui n'a plus que ce bonheur au monde, et qui savoure chaque note de l'orchestre, et voudrait la saisir dans ses doigts comme un diamant échappé pour ne plus revenir.

Le bal, la gaîté, les étoiles, les feux de Bengale lui rendaient ses vingt ans, trésor de jeunesse que beaucoup de femmes regagnent toute leur vie, après l'avoir perdu comme nous tous.

Elle comprenait, avec le merveilleux instinct de son sexe, que les regards intelligents des jeunes hommes la distinguaient encore dans ces quadrilles enfantins, épanouis à ses côtés.

Elle était heureuse d'une joie innocente; cette admiration, dont elle entendait le doux murmure, lui suffisait; elle aurait donné ses richesses pour la faire prolonger à ses oreilles en échos infinis.

Et quand un nuage de tristesse venait par intervalles assombrir son gracieux visage, c'est qu'elle pensait que ces feux du bal, étoiles et lustres, allaient bientôt s'éteindre, et que le pâle soleil éclairerait le lendemain une terrasse déserte, et qu'elle se retrouverait encore face à face avec une immense fortune, cette mère des immenses ennuis, car elle ne peut donner ni un sens de plus, ni une année de moins.

M. de Céran, comme tous les esprits sérieux, ne comprenait pas les femmes : il ne vit pas tout ce qu'il y avait de candeur enfantine dans ce rayonnement de coquetterie ; il jugea l'épouse de M. Dherbier avec une sévérité injuste, et se promit bien de faire servir quelque adroite et ténébreuse calomnie au bénéfice de ses desseins.

Pour aller jusqu'au bout de son examen, il avait engagé à la danse madame Dherbier, et, quand son tour d'inscription fut arrivé, il lui présenta la main et la conduisit au quadrille.

L'astuce la plus subtile se révéla soudainement sur le visage, dans l'organe, la pose et le maintien de M. de Céran ; mais l'œil d'une femme étourdie par la joie du bal n'aurait jamais pu découvrir l'hypocrisie de son inquisiteur.

— Permettez, madame, dit-il, que je vous félicite, après tout votre beau monde, sur le mariage de votre charmante fille.

— Elle est bien jeune, ma fille ! dit madame Dherbier avec un léger soupir, bien jeune, mais il faut obéir à son père.

— Oui, madame, c'est un devoir ; en cette occasion j'ajouterai que c'est un devoir bien doux... Si je ne me trompe, voilà, dans l'autre quadrille, votre futur gendre, un jeune colonel... un brave de notre Afrique...

— Oui, monsieur.

— Mademoiselle Hélène paraît aimer beaucoup le bal?

— Oh! monsieur, nous aimons toutes le bal...

— Vous dansez un peu par complaisance, vous, madame?

— Moi, monsieur, danser par complaisance! je danse par goût; j'espère bien danser jusqu'au jour... Attention à la figure, monsieur.

— Excusez-moi, madame, si je suis un peu gauche, j'arrive d'Égypte.

— Ah! vous arrivez d'Égypte! monsieur, et sur quel paquebot?

— Sur le *Polyphemus*.

— C'est singulier! je n'ai pas reçu de lettres!

— Vous attendez des lettres d'Égypte?

— Oui, monsieur.

— Des lettres intéressantes, sans doute, si j'en juge par votre émotion?

— J'ai de l'émotion!.. Oh! non... Ce sont des lettres de quelques lignes pour me souhaiter le bonjour... La dernière que j'ai reçue était impatiemment attendue : elle commandait le trousseau de noces de ma fille... J'espère que mon mari arrivera par le premier paquebot... quand le trousseau sera terminé... Comme c'est prosaïque, tout ce que nous disons-là, monsieur ! Il est vrai que j'ai besoin de me reposer un peu...

— Encore cinq minutes de prosaïsme, madame, s'il vous plaît. J'ai voulu savoir de votre bouche s'il était vrai que le colonel Saint-... dût épouser votre fille.

— Aviez-vous quelque intérêt à cela, monsieur ?

— Un très-grand, madame.

— Ah ! vous piquez ma curiosité !... Voyons, expliquez-vous.

— Ici, non, madame ; mais après la contredanse... je vous demanderai, dans l'intermède, cinq minutes d'entretien particulier, un peu à l'écart.

— Comme vous dites cela d'un air mystérieux ! dit madame Dherbier avec un délicieux éclat de rire. C'est maintenant que j'ai de l'émotion... Monsieur, je suis chez moi, je ne puis rien vous refuser... La contredanse est finie, l'intermède commence... Je vous accorde l'entretien particulier... Donnez-moi votre bras, monsieur. J'adore les scènes de roman.

— Ceci, madame, est une scène d'histoire, dit de Céran après un tour d'allée fait en silence; ceci est un acte de vérité.

Vous allez le savoir en trois mots : Votre fille n'épousera pas le colonel.

— Monsieur, dit madame Dherbier avec un ton de fierté superbe, je vous prie de me reconduire chez mon beau-frère, et n'ajoutez pas un mot de plus.

De Céran étendit la main qui était libre et ouvrit une grille de fer.

Un homme entra et dit d'une voix de maître :

— Oui, votre fille n'épousera pas le colonel.

Cet homme était M. Dherbier; il avait passé une journée d'angoisses et de fièvre; du haut de sa pyramide industrielle, il voyait sa famille s'écrouler sous lui, et quand il entendit sa femme parler avec cette fierté dominatrice ; quand il vit la grille s'ouvrir, il lui restait à peine assez de force pour faire un pas, assez de voix pour dire un seul mot.

Madame Dherbier poussa un cri sourd et s'appuya sur un arbre pour aider la faiblesse de ses pieds.

L'ombre des arbres et de la nuit couvrait cette scène de silence et de désespoir ; mais autour d'elle la joie éclatait dans tous les bruits de la campagne et du bal : c'était un ravissant concert de gerbes d'eau vive, de feuilles agitées, de vagues lointaines, de chants nocturnes, de voix de femmes, de rires enfantins, d'accords d'instruments.

Un prélude d'orchestre donna une excitation nouvelle à ces murmures charmants, qui montaient en chœur vers les étoiles.

D'autres quadrilles se formaient sur la terrase à l'appel des musiciens.

Trois fois déjà les instruments avaient attaqué l'air de danse, et trois fois des cris et des mains s'étaient élevés pour imposer silence à l'orchestre.

Une danseuse manquait : c'était la maîtresse de la maison.

Le colonel de Saint-..., son cavalier, la demandait en riant à tous les groupes ; et comme il lançait au hasard un coup d'œil dans l'allée de la grille, il vit sur un fond ténébreux se détacher une robe blanche et deux silhouettes sombres immobiles devant.

Le colonel fit quelques pas et reconnut madame Dherbier, silencieuse entre deux personnes inconnues.

— Pardon, messieurs, dit-il, si je vous enleve madame, mais l'orchestre l'a déjà invitée trois fois.

Et il présenta son bras à madame Dherbier, qui refusa de donner le sein.

M. Dherbier s'avança et dit d'une voix de maître :

— Le bal est fini pour madame et pour tous.

Le colonel regarda madame Dherbier ; elle gardait toujours sa pose immobile et désolée ; sa figure était horrible de pâleur.

— Madame, prenez mon bras, dit M. Dherbier à sa femme ; prenez mon bras, vous dis-je, et rentrons.

Elle obéit et suivit son mari par un sentier détourné, sans être aperçue de la foule, jusqu'à la maison, du côté opposé à la terrasse du bal.

Le colonel de Saint-... ne pouvait rien comprendre à cet incident ; mais sans perdre du temps à lui découvrir une cause inconnue, il se mêla aux groupes inquiets de la terrasse, et dit qu'une indisposition subite de madame Dherbier mettait fin au bal.

Bientôt après, les musiciens descendirent de leur estrade, et quelques familles faisant avancer leurs voitures donnèrent un exemple de discrétion qui fut généralement suivi.

Hélène s'était empressée d'entrer dans les salons pour éclaicir ce mystère improvisé au milieu d'un bal.

Sur la terrasse, encore illuminée de tout l'éclat de la fête, deux personnes seules restées de tout ce monde, se rencontrèrent et se reconnurent.

C'étaient le colonel Saint-... et M. de Céran.

Le colonel recula pour la première fois de sa vie, et poussa un cri de surprise :

— Vous ici, monsieur ! dit-il en joignant les mains.

— Je n'ai pas l'honneur de vous connaître, dit de Céran avec sang-froid, et je suis étonné de votre surprise, monsieur.

— Eh bien ! moi je vous connais, dit le colonel, malgré ce luxe de barbe qui veut vous déguiser ; vous vous nommez Chinosart, et vous êtes.. ce que vous savez.

— Je me nomme de Céran, colonel, et je suis un honnête homme.

— Prenez garde, monsieur ; votre impudence peut vous être fatale... J'ai cru tantôt faire une erreur, là, sous les arbres, quand vous étiez devant madame Dherbier; je vous avais reconnu à demi. A présent, nous sommes en plein soleil de bal, mes yeux ne peuvent plus me tromper; vous remplissiez les fonctions d'agent comptable dans la province d'Oran. Vous avez été surpris par moi en flagrant délit de concussion; vous vous êtes jeté à mes pieds; vous m'avez attendri en me parlant de votre épouse et de vos enfants. A Paris, où j'ai été appelé l'an dernier, pour donner des renseignements sur quelques tristes affaires, je pouvais vous perdre, je me suis souvenu de votre repentir, de votre désespoir, de votre famille; j'ai demandé simplement votre destitution pour cause d'incapacité ; je vous ai délivré d'une enquête et d'un jugement... Dites encore que je ne vous connais pas.

— Eh bien ! colonel, — dit de Céran avec un ton de voix tout nouveau en affectant le maintien modeste d'un homme qui craint d'irriter un adversaire redoutable, — eh bien ! colonel, je vous prie d'être encore généreux aujourd'hui ; ne me perdez pas : ces croisées ouvertes nous écoutent... Vous avez le caractère du soldat, toujours bon et magnanime. . Ayez pitié d'un homme qui fut plus malheureux que coupable.

— Coupable avant d'être malheureux,

monsieur !... Voulez-vous que je vous conte votre histoire ?

—C'est inutile, colonel, je la connais... Mais ce que vous ne savez pas, et ce qui peut-être me donne une ombre d'excuse... c'est... écartons-nous un instant d'ici... quand nous serons seuls, je vous parlerai à cœur ouvert...

— Vous me proposez une promenade dans le bois, j'entends. Je vous mettrais à votre aise ; mais vous n'êtes pas plus rusé qu'un Arabe, et je ne donnerai pas dans le piége. Vous voulez m'assassiner, rien que cela.

— Oh ! colonel !

— Je connais vos mœurs ; vous êtes

armé. N'est-ce pas que vous êtes armé?

— Quoi d'étonnant! en voyage...

— Oui, oui, ordinairement on vient au bal avec une paire de pistolets et un poignard... Vous étiez armé aussi à Oran, et vous essayâtes même de faire une menace... Au fait, voyons, au fait; soyez sincère, et je vous laisse échapper; vous étiez tantôt avec une dame et un étranger inconnu, en trio, là, sous les arbres; que se passait-il de mystérieux entre vous trois? Répondez-moi franchement.

—Colonel, ceci est un secret de famille; vous respecterez ma discrétion.

— Ceci est une noirceur qui vient de vous, je le présume; et si vous me parlez encore de votre discrétion, j'en serai certain. Là, tantôt, vous avez offensé une dame, voilà votre secret ; cette dame sera bientôt de ma famille : vous êtes un misérable, sortez, monsieur.

— Je vous jure sur l'honneur...

— Ne jurez pas ; appelez l'autre témoin de la scène... il est là dans la maison... Je vais l'appeler, moi.

— Au nom de Dieu, colonel, respectez ces secrets domestiques...

— Je respecte tout, monsieur, excepté vos ordres...

La parole retentissante du colonel attira sur la terrasse M. Dherbier, qu'une scène intérieure venait d'émouvoir profondément; sa femme l'avait introduit dans une chambre éloignée du fracas du bal, et M. Dherbier avait reconuu son fils Antonio dormant d'un sommeil tranquille, après les fatigues de la traversée.

Madame Dherbier avait raconté à son mari les aventures d'Antonio, et l'immense service que le colonel avait rendu à leur famille en arrachant ce frêle jeune homme aux dangers de la guerre et du climat.

M. Dherbier ne répondait que par des larmes, et à l'instant même où il se préparait à parler de ses engagements avec M. de Céran, il entendit la voix du colonel et se précipita sur la terrasse.

— Ah ! justement, voilà monsieur qui a été témoin de l'insulte ! s'écria le colonel, en désignant M. Dherbier.

De Céran regardait la terre, posé en statue ; M. Dherbier regardait de Céran et et le colonel.

— Je disais à M. Chinosart, surnommé par lui de Céran, qu'il avait insulté une dame, en interpellant M. Dherbier.

M. Dherbier, stupéfait, fit un signe négatif.

De Céran respira un instant.

— Je demande la permission de me retirer, dit de Céran en faisant un pas en arrière.

Le colonel le retint par le bras.

— Colonel, dit M. Dherbier au comble de l'embarras, vous voyez en moi le plus reconnaissant des pères; ma vie et ma fortune sont à vous, mais il y a dans ma correspondance avec ma femme un malentendu déplorable : j'avais déjà promis ma fille à M. de Céran.

— A ce monsieur ! votre fille ! s'écria le colonel avec un accent inouï; mais y songez-vous ? Ce monsieur-là que je vous montre du doigt; ce M. Chinosart, ce M. de Céran, ne peut pas épouser votre fille...

— Et pourquoi ? demanda Dherbier timidement.

— Pourquoi ? parce qu'il est marié.

— Dherbier recula jusqu'à la façade de la maison, en croisant ses mains par dessus sa tête.

— C'est fort... dit le colonel, d'essayer la bigamie aux portes de Toulon.

— Marié! dit M. Dherbier quand il put articuler trois syllabes.

— Eh! qu'il me démente, si je dis une fausseté, s'écria le colonel.

— Marié! répéta M. Dherbier.

De Céran fit un salut respectueux et quitta la terrasse d'un pas précipité.

De Céran n'était pas marié, mais il aima mieux subir cette accusation que de forcer le colonel à raconter sa coupable histoire.

A Oran, il avait parlé de sa prétendue femme et de ses prétendus enfants pour mieux attendrir le colonel.

— Que faut-il faire? dit M. Dherbier interdit.

— Le laisser partir : il n'y a pas eu commencement d'exécution. Je connais mon homme ; et je vous dirai son histoire un autre jour.

M. Dherbier serra les mains du colonel et garda le silence, comme il arrive toujours lorsqu'on a trop de choses à tirer du cœur.

En ce moment, un officier de marine s'avança vers M. Dherbier, et lui demanda, au nom de tout le monde du bal, des nouvelles de l'indisposition de madame Dherbier.

— Monsieur, dit Dherbier, je voudrais que toute la société fût encore assemblée, pour lui dire qu'un bal de fiançailles ne finit qu'au jour, et que madame Dherbier sera, dans cinq minutes, tout-à-fait remise de son indisposition.

— La société n'est pas loin d'ici, dit l'officier en souriant, tous les équipages se sont arrêtés à cinq cents pas...

— Eh bien, monsieur, vous allez mettre le comble à votre complaisance d'aide-de-camp du plaisir, en rappelant tous nos fugitifs et l'orchestre. Il serait honteux de finir un bal de campagne à minuit.

L'officier salua et partit précipitamment.

— Maintenant, dit Dherbier au colonel, je veux que personne ne manque à notre bal. Je vais moi-même réveiller mon frère et mon fils... Et, quant à vous, colonel, mon gendre, croyez bien que ce que femme veut, Dieu le veut.

On entendit bientôt le tonnerre prolongé des voitures qui reprenaient le chemin du bal : les musiciens remontèrent sur leur estrade, et la fête commença une seconde fois.

M. Dherbier courut au-devant de son frère et l'embrassa en lui disant : Mon moi, il y a cinq minutes que je suis heureux.

— Il y a trente ans que je le suis, moi, répondit le frère philosophe. Mon cher frère Dherbier, tu as gagné beaucoup d'argent, c'est vrai; mais tu as failli perdre ta femme, ta fille et ton fils.

C'est la folie du jour; grands hommes politiques ou grands hommes industriels, vous savez tout ce qui se fait dans les cinq parties du monde, et vous ignorez souvent ce qui se passe dans votre maison.

— Je profiterai de la leçon, dit M. Dherbier.

LES DEUX ENSEIGNES.

Au traité de paix de 1814, tous les prisonniers français qui se trouvaient à bord du ponton de Kingston, en Irlande, furent rendus à la liberté. Presque tous traversèrent, le lendemain de leur délivrance, le canal de Saint-Gorges, pour regagner la France. Dans le petit nombre de ceux qui ne témoignèrent pas le même empressement à revoir la patrie, Dublin a conservé les noms des enseignes Célestin et Xavier : c'étaient deux orphelins qui, par leur naissance, appartenaient plutôt à la mer qu'à la terre, et qui, n'ayant rien dans leurs souvenirs, ni caresses maternelles, ni clocher de village, ni fiançailles suspendues par la conscription, trouvèrent que Dublin était une ville qui méritait comme une autre d'être habitée, et ils résolurent de se fixer, du moins provisoirement, dans cette magnifique et hospitalière cité.

Il y avait d'ailleurs une raison majeure qui les portait à fonder un modeste établissement à Dublin. Dans leur longue captivité, ils mettaient à profit un très-remarquable talent d'artistes en fine menuiserie : ils avaient fait un musée complet, à pièces détachées, représentant chacune quelque point de vue à portée de leur bagne flottant ; et certes, le hasard de leur position les servit à souhait, car le travail des hommes et de la nature a prodigué des perspectives superbes entre Kingston et Dublin, jusqu'au promontoire de Howth-Hill.

Nos deux marins croyaient avoir une fortune à exploiter en montrant ce musée à la capitale de l'Irlande, et surtout en provoquant la politique munificence de quelque riche lord qui achèterait ce beau travail à un prix énorme Célestin et Xavier n'avaient pas un *schelling* en poche ; mais ils n'auraient pas vendu leur musée pour vingt mille livres sterling : dans leur amour-propre d'auteurs, ils estimaient leur capital quatre fois cette valeur, au moins.

Ils louèrent une chambre d'entresol sur la place de *Christ-Church*, et placardèrent cette enseigne :

GREAT ATTRACTION!

VENEZ VOIR

TOUTES LES MERVEILLES DE LA RADE ET DE LA VILLE

DE DUBLIN!

CETTE FLEUR DE LA TERRE, CETTE PERLE DE LA

MER! UN SCHELLING LE BILLET.

La foule ne manque jamais aux exhibitions en Angleterre; c'est un pays rempli de gens qui ne demandent pas mieux que d'échanger un schelling contre une émotion de deux minutes ; les recettes étaient superbes. Célestin et Xavier faisaient des rêves d'or; en huit jours il avaient déjà dans leur coffre cent livres sterling en billet de cinq livres, menue monnaie des *bank notes* Ils se voyaient millionnaires au bout de l'an, car leur plan était d'exploiter toutes les grandes villes de l'Angleterre, et de rentrer en France avec une chaise de poste et deux laquais.

Hasard ou haine détruisit en un clin d'œil ces beaux projets.

Un incendie dévora le musée de Célestin et de Xavier ; eux-mêmes faillirent perdre la vie en essayant d'arracher aux flammes leur fortune, hélas ! trop combustible. La mode des assurances contre l'incendie était encore, à cette époque, à peu près inconnue à Dublin. D'ailleurs nos deux marins n'auraient pas songé à prendre cette précaution.

Ils perdirent tout, même leurs cent livres en billets de banque ; à peine si leur bourse renfermait deux ou trois *souverains* et quelques *couronnes* : c'était du pain pour quinze jours.

Kean et Kemble se sont bien souvent tordus de désespoir devant le public anglais ; mais la pantomime désolante de ces deux acteurs fut vaincue par les convulsions de nos deux pauvres marins. Dès qu'une parole put arriver aux lèvres cadavéreuses de Célestin, il s'écria :

— Tonnerre de sort! (il était de Marseille) faut-il avoir été maudits au berceau ! Nous sautons, sur l'*Orient,* à Aboukir, on nous pêche et on nous envoie aux galères de Plimouth ! bien ! Nous nous échappons. A Trafalgar, on nous coule bas avec l'*Infernet* ! on nous repêche et on nous envoie à Kingston ! encore mieux ! Nous ramons dix ans sur les pontons, nous faisons vingt chefs-d'œuvre avec nos doigts, nos dents et du mauvais bois avarié ; cette fois nous touchons à la fortune. Voilà que l'enfer nous envoie un échantillon de ses chaudières et nous brûle vifs ! Malédiction !

En parlant ainsi, Célestin traversait le pont de Saint-Stephens ; sous ses pieds grondait la rivière de Liffey, que la fonte des neiges avait considérablement grossie. Le marin lança un coup d'œil d'aplomb sur les eaux jaunâtres et torrentielles, et le même regard fatal rebondit sur le visage de Xavier.

— Je te comprends ! dit Xavier; nous sommes destinés à périr dans l'eau douce. Embrassons-nous, et ainsi soit-il.

— Que je sois damné si je recule ! dit Célestin.

Et il s'élança sur le parapet de *Stephens Bridge* Xavier fit le même bond. Ils croisèrent fortement les bras sur leur poitrine, comme pour s'exprimer à eux-mêmes l'énergique résolution de ne pas nager comme de francs loups de mer qu'ils étaient, et ils se précipitèrent tête première dans la Liffey.

Le bruit affreux que fit cette double chute de deux grands corps réveilla en sursaut une meute de chiens de Terre-Neuve, qui depuis fort peu de temps avaient commencé leur service à la tête du pont. Lord O'Calligham, célèbre philanthrophe irlandais, était le fondateur de ce corps-de-garde de chiens sauveurs, et ce jour-là précisément la meute terre-neuvienne faisait son début. Les agiles animaux arrivèrent au fond de la Liffey en même temps que Célestin et Xavier. Les deux marins se sentirent saisis aux basques de leurs habits par des gueules vigoureuses ; mais comme leur projet de suicide était irrévocable, ils luttèrent contre leurs sauveurs avec une incroyable énergie. Hommes et chiens remontèrent subitement à la surface des eaux, la rivière écumait sous ces convulsions précipitées de pattes, de bras et de pieds. Déjà deux chiens, plus exercés au sauvetage que les autres et plus acharnés sur les deux marins, allaient porter la peine de leur zèle et n'exhalaient plus de leurs gosiers que des cris étouffés semblables à ceux de l'agonie, car ils avaient avalé plus d'eau bourbeuse qu'il n'en faut à dix chrétiens pour se noyer, lorsque Célestin et Xavier, touchés subitement de compassion en faveur de ces deux pauvres bêtes agonisantes, les entraînèrent avec eux à la nage vers la rive de la Liffey et les sauvèrent de la mort.

Eux aussi se sauvèrent du même coup, par mégarde et sans le vouloir. La foule accourue, témoin de cette scène, donna son admiration aux chiens et sa pitié aux deux marins. Le shériff Edmund Tacker, vieillard de soixante et dix ans, fit un petit discours de circonstance aux étrangers sauvés des eaux, et les conduisit processionnellement à l'église catholique de Saint-Patrick.

Célestin et Xavier jouissaient du bénéfice d'une seconde vie. Ils étaient morts une fois et ils ressuscitaient. Ces deux Lazares de la marine française avaient acquis à Dublin, surtout parmi le peuple, une juste célébrité, à cause de leur suicide avorté qui annonçait en eux un rare courage et une énergique organisation. Cette illustration, conquise dans les eaux de la Liffey, était pourtant assez sterile pour eux ; elle ne leur rendait ni leur beau musée brûlé, ni la grande fortune qui était au bout de cent exhibitions. Le shériff leur avait dit ;

— Travaillez, mes enfants, gagnez votre pain, et vous retrouverez encore le bonheur.

Au fond, le shériff avait raison. A l'âge de trente ans. dans quelque position que ce soit, il y a toujours du pain au bout de deux bras. Mais Célestin et Xavier s'étaient placés, par un raisonnement faux, en dehors du devoir commun. Ils souffraient et travaillaient depuis l'âge de dix ans; ils s'étaient énervés dans l'immobilité nonchalante du ponton; les chefs-d'œuvre sortis de la pointe de leurs doigts n'avaient pu donner aucune énergie à leurs muscles; ce travail de broderie les avait, au contraire, efféminés et rendus impropres aux ouvrages virils. Ensuite, ils étaient arrivés, en marchant de la conjecture à la conviction, à se persuader que l'incendie de leur musée n'était pas un événement de hasard, mais un crime combiné par jalousie ou vengeance au préjudice de deux Français; de sorte qu'ils croyaient voir leur incendiaire ennemi dans chaque passant. Ces deux malheureux, après avoir jeté une fois leur vie au fond de la Liffey, et croyant n'avoir plus aucun devoir à remplir sur la terre, et aucune punition humaine à redouter, combinèrent un plan infernal contre cette ville de Dublin qui les avait tués par l'eau et le feu.

— Écoute, Xavier, disait Célestin; j'ai entendu conter à bord, dans mon enfance, l'histoire de M. Roux, négociant de Marseille. M. Roux avait à se plaindre des Anglais, comme nous. C'était un riche particulier qui prêtait de l'argent à Louis XVI; il ne connaissait pas sa fortune ; il aurait mis, pendant un quart-d'heure des zéros à la suite d'un 1, sans donner le compte de ses richesses. Il avait une flotte de vingt vaisseaux marchands, je ne sais combien de corsaires. M. Roux, voyant que Louis XVI restait tranquille, déclara la guerre, lui Roux, au roi de la Grande-Bretagne. Sa lettre qui annonçait les hostilités, commençait ainsi : Moi, Roux Ier a Georges III. C'était en règle. Roux Ier commença par faire beaucoup de mal aux Anglais ; mais le roi d'Espagne et Louis XVI intervinrent entre les deux puissances belligérantes, et le traité de paix fut signé.

— Je connaissais cette histoire, dit Xavier ; voyons où cette histoire doit nous mener ?

— Tu ne le comprends pas, mon ami ?

— Parle toujours, mon Provencal.

— Eh! bien, nous allons faire comme mon compatriote Roux Ier; Nous déclarons la guerre à Dublin.

— Déclarons.

— Nous avons un antécédent; notre position est meilleure que celle de Roux Ier; nous sommes dans le cœur de notre ennemi.

— Dans ses entrailles.

— Et si notre ennemi nous refuse nos contributions de guerre, nous le faisons sauter comme il nous a fait sauter à Aboukir; cela est juste, Xavier, n'est-ce pas ?

— Célestin, du premier coup, j'ai approuvé ton plan, hier, quand tu me l'as indiqué sans développement...

— Je te le développerai, Xavier...

— Moi, pour y mettre quelque chose, je réduis ce plan à sa véritable expression en le moralisant. Nous louons, dis-tu, un premier étage à *Sakeville-street.*

— Oui.

— Bien! nous montons le vaisseau le *Sakeville* et nous allons nous battre contre le vaisseau le *Dublin.* Ce sera un combat naval sur terre.

— C'est cela.

— A quand donc la déclaration des hostilités, Célestin?

— Quand nos batteries seront prêtes...
A demain.

— Oui, à demain : je brûle de faire mon quart à bord du *Sakeville*, à l'ancre entre deux maisons; je crains d'avoir le mal de terre; je n'ai jamais navigué sur le continent. As-tu le pied terrestre, toi ?

— Xavier, on s'habitue à tout, quand on est mort une fois dans sa vie, comme nous deux. Écoute, tu as approuvé mon plan, il faut le résumer en quelques mots.

— Avec nos achats faits en détail, ça et là, dans Dublin, nous avons un baril de poudre anglaise, première qualité : voilà la base de notre affaire.

Nous avons loué un premier étage à *Sakeville-street* entre les bureaux de la poste et la belle manufacture de Richard Schawb ; c'est une position superbe, nous tenons le centre du plus riche quartier de Dublin : nous sommes en mesure d'incendier toute la correspondance de l'Irlande, quelques millions d'étoffes et tout *Sakeville-street* par ricochet, corps et biens.

La nuit de demain, nous affichons aux quatre coins de Dublin un placard ainsi conçu : il est adressé AUX HABITANTS :

« Les deux marins noyés et sauvés de
» la Liffey déclarent la guerre à la ville de
» Dublin.

» Ils sont logés à *Sakeville-street*, 27, entre
» *Post-Office* et la manufacture de Richard
» Schawb.

» Le plancher de leur chambre contient
» un baril de deux cents livres de poudre,
» prêt à sauter dans les cas suivants :

» 1° Si les hommes de police font la
» moindre tentative pour entrer dans la
» chambre à poudre.

» 2° Si l'on arrête l'un des deux marins,
» celui qui se promènera dans Dublin, lors-
» que l'autre tiendra la mèche allumée sur
» le baril.

» 3° Si l'on n'apporte pas aux deux ma-
» rins toutes les choses nécessaires à leur

» existence et à leurs amusements, lorsqu'ils
» les demanderont.

» 4° Si les voisins s'écartent de leurs mai-
» sons comme pour les isoler, et les me-
» nacer ainsi de quelque attentat de la
» police.

» 5° Les doux marins promettent sur
» l'honneur de protéger nuit et jour la ville
» et les propriétés des habitants de Dublin,
» si les habitants de Dublin se comportent
» bien à l'égard de deux infortunés, honora-
» blement connus dans la capitale de l'Ir-
» lande. »

» 6° L'un des deux marins fera chaque
» jour dans Dublin sa promenade de midi
» à cinq heures; tous les citoyens sont in-

» vités à veiller sur lui ; si à cinq heures et
» demie il n'était pas rentré, son camarade
» laisse tomber la mèche sur le baril, et
» *Sakeville* saute comme l'*Orient* à Abou-
» kir.

» Signé Célestin et Xavier. »

Lorsque leurs dispositions furent prises et toutes habilement calculées, Xavier sortit au milieu de la nuit avec une centaine de copies de cette proclamation, et il la placarda partout. Au lever du soleil, le shériff reçut une lettre des deux amis par laquelle il était invité à se rendre sur-le-champ chez eux, dans l'intérêt de la ville de Dublin.

A cette heure, Dublin n'avait pas encore ses yeux assez ouverts pour lire la proclamation des deux marins.

Le shériff, qui savait que ces deux enragés Français étaient capables de toutes les folies, oublia son rang et se rendit à l'invitation. Il fut reçu dans la chambre à poudre avec une grande politesse de ponton. Célestin lui présenta un siége et lui dit :

— Mon honorable Shériff, prenez la peine de lire cet exemplaire de la proclamation que nous avons affichée aux quatre coins de Dublin.

Le shériff regarda Célestin, prit le papier, mit ses lunettes et lut en faisant un bond sur sa chaise à chaque article.

— Honorable shériff, dit Célestin, vous connaissez maintenant notre petite affaire aussi bien que nous ; il me reste à vous présenter notre palladium ; c'est une sainte-barbe à domicile qui est là devant vous, à fleur de plancher, un petit volcan de poche... n'ayez pas peur... et ne criez pas !.. au moindre cri, mon shériff, nous sautons par-dessus le clocher de Saint-Patrick. Regardez Xavier qui rapproche la mèche, une mèche qui brûle toujours, mon shériff ; c'est le feu de Vesta, les vestales ont changé de sexe seulement. Que dites-vous de l'idée, shériff?

Le vieux magistrat, immobile de surprise et d'effroi, regardait le cercle menaçant et noir, fortement scellé dans le plancher.

Célestin prit une poignée de grains de poudre, et la présentant au shériff :

— Voyez, dit-il, c'est d'une qualité supérieure; jugez de notre Vésuve domestique par l'échantillon. Emportez cela chez vous pour le faire analyser par vos chimistes; ils vous diront si c'est de la graine d'oignon. Maintenant, nous vous rendons à votre liberté, monsieur le shériff.

Le vieillard se leva sans oser faire paraître sur sa figure le moindre sentiment qui pût blesser deux ennemis terribles, et sans prononcer une parole ; car il ne pouvait parler que pour flétrir, en digne magistrat, le crime de ces projets incendiaires. Célestin et Xavier le conduisirent jusqu'à l'escalier, l'un l'obligeant de prendre l'échantillon de poudre dans une boîte, l'autre lui présentant la mèche allumée comme une sentinelle présente les armes à son chef.

Quelques heures après, il était facile de voir que la proclamation avait produit son effet. Aux environs du monument de Nelson et devant le palais des postes, la foule de tous les jours était réduite à quelques groupes inquiets. Les constables inondaient *Sakeville,* mais en affectant de ne rien avoir d'hostile et de menaçant dans leur attitude. Au lointain, on apercevait le shériff qui s'était arrêté hors de la portée de l'éruption, et qui semblait, par ses gestes, recommander la prudence à ses interlocuteurs.

A midi, Célestin en costume de marin de ponton, et la cocarde française à son chapeau goudronné, sortit hardiment sur le pavé de *Sakeville;* et, quand il fut au milieu de cette rue d'une largeur immense, il se retourna pour échanger des saluts avec Xavier, qui se montra un instant à la croisée, sa mèche allumée à la main.

Célestin marcha droit au shériff, et lui dit :

— La pièce est commencée, cela marche bien; Dublin sera sage, et nous serons reconnaissants.

— Monsieur, dit le shériff, le service de la poste souffre beaucoup; les boutiques ne s'ouvrent pas dans *Sakeville-street* : voyez, il y a de l'inquiétude.

— Eh! de quoi s'inquiète-t-on, honorable shériff? nos intentions sont pures. Il fallait s'inquiéter lorsque la main d'un criminel incendia notre musée, et nous réduisit à l'indigence. Aujourd'hui, que Dublin fasse son devoir, et tout ira bien. Je vais commander notre déjeuner à l'hôtel de Greamesh, le premier hôtel du monde. Il va sans dire, shériff, qu'à la moindre douleur d'entrailles, nous vous accusons d'empoisonnement et *Sakeville* saute en cent millions de morceaux. Tout est prévu, shériff, tout, même la tentative d'empoisonnement.

— N'ayez point de crainte, monsieur...

— De crainte! bah! c'est à Dublin de trembler! De crainte! vous moquez-vous de moi?.. Depuis ma naissance à bord de l'*Indien*, je passe ma vie à mourir; j'ai vu l'enfer a cinq ou six reprises, comme je vous vois.

— Mais, monsieur, ajouta le shériff d'une voix douce et persuasive, renoncez à cette abominable folie!.. à...

— Shériff, n'ajoutez pas un mot ou je fais un signe et nous sautons par-dessus les nuages.

Puis, s'adressant à la foule qui l'environnait, le marin ajouta :

— Messieurs, je vous ordonne de vous retirer, j'ai besoin d'air, laissez-moi seul.

En un clin d'œil la foule avait disparu, ainsi que le shériff.

Célestin ressentit un juste sentiment d'orgueil en voyant avec quelle facilité une de ses paroles jetait la consternation dans le peuple de Dublin. D'un pas majestueux, il s'achemina vers l'hôtel de Greamesh, et il demanda d'une voix maritime et provençale qu'on lui servit à déjeuner.

Toute la domesticité des deux sexes, le *land-lord* en tête, courut aux ordres de Célestin ; on lui servit trente plats sur une table, et des vins d'Oporto, de Sherry et de Claret. Le repas terminé, il fit un choix dans les plats intacts, les mit dans une corbeille, et appelant le *land-lord*, il lui dit :

— Monsieur, ceci est pour mon frère Xavier, c'est son déjeuner ; maintenant, donnez tout ce que j'ai laissé à ces groupes de pauvres femmes qui ont assisté par les croisées à mon déjeuner.

Le maître d'hôtel s'inclina en faisant un

signe très-expressif d'obéissance aux volontés du baril de poudre voisin, représenté par le marin français.

Célestin fit le signal convenu avant d'ouvrir la porte de la chambre volcanique, et Xavier approcha la mèche allumée du baril de poudre. Célestin referma la porte à triple tour et déposa les provisions sur une table.

— Serre-moi les mains, Xavier, dit-il en s'asseyant. tout marche bien; la machine est admirablement bien montée; Dublin est à nous... Quel déjeuner je viens de dévorer chez Greamesh! quels vins! quels domestiques charmants! Déjeune, déjeune à ton tour, mon ami; j'ai commandé notre dîner pour sept heures...

— Et le shériff, le shériff? dit Xavier en découpant un *rumpsteacke* au jambon.

— Le shériff a peur ; il nous connaît, tout Dublin nous connaît, Xavier, on sait que nous sommes gens à mettre le fait après la menace. La police est embarrassée ; elle cherche un expédient, elle ne trouve rien. En rentrant, j'ai rencontré un monsieur qui m'a abordé poliment et m'a dit : — Au nom de Dieu, capitaine, n'oubliez pas de rentrer à cinq heures. — Quel intérêt avez-vous à cela? lui ai-je demandé. — Je suis Richard Shawb, votre voisin. — Ah ! je comprends, lui ai-je dit; eh ! bien, soyez tranquille, je serai sage; mais que Dublin soit sage aussi ! M. Richard m'a répondu de la sagesse de Dublin.

— Parbleu ! s'écria Xavier, si Dublin nous vexe, nous l'enverrons promener dans la lune.

— Oh ! il le sait bien. Vraiment je suis enchanté de la vie qui s'ouvre devant nous. J'ai cent projets dans la tête... D'abord, je vais demander en mariage la fille de Richard Shawb, notre voisin.

— Ah ! mon Dieu ! Célestin !..

— Et je te marie, toi aussi du même coup : je te donne la fille de M. Greamesh, une rousse charmante qui a douze mille livres de dot, cent mille écus !..

— Mais que nous importe la dot, Célestin ! nous sommes emprisonnés ici pour toute la vie; comment jouir d'une dot?

— Eh ! qui connaît l'avenir ! Prenons toujours la dot si elle se présente. Demain, je demande miss Shawb pour moi, et miss Greamesh pour toi.

— Et si l'on nous refuse...

— Nous sautons .. c'est la réponse à tout... Nous ne sauterons qu'une fois... Demain, je me fais meubler deux chambres nuptiales par le premier tapissier de Dublin. Nous aurons deux noces superbes...

— Où donc?

— Où? chez Greasmesh, dans des salons magnifiques. Toi, tu passeras le premier, moi le second; il faut toujours que l'un de nous deux garde ce volcan. Nous invitons à nos noces toute la haute société de Dublin; nous dansons jusqu'au jour, nous dévorons dans un festin et dans un bal cent mille francs...

— Et qui paiera?

— Parbleu! Shawb et Greamesh, nos beaux pères paieront.

— C'est juste, Célestin; mais après, comment tout cela finira-t-il?

— Ah! qui sait? cela ne finira peut-être pas. Il n'est pas nécessaire que cela finisse.

Cela commencera tous les jours... J'ai même le projet de me faire nommer maire de Dublin, et toi préfet du département de l'Irlande.

En attendant de donner un essor fabuleux à notre ambition, commençons par des choses aisées; marions-nous : lorsque nous aurons des enfants, nous les établirons avantageusement dans les trois royaumes.

Cette conversation fut interrompue par un fracas tumultueux de musique anglaise qui remplissait Sakeville-street. Célestin ouvrit et ferma la porte, toujours avec les précautions d'usage, et descendit dans la rue, où il ne manqua pas de rencontrer son voisin Richard, qui semblait attaché à tous ses mouvements.

— Qu'est-ce que cela? demanda vivement Célestin à M. Shawb.

— C'est le *festival* de Dublin qui passe, répondit poliment M. Richard.

— Et où va-t-il ce festival enragé ?

— A *Tow-Hall*.

— Et que va-t-elle faire à *Tow-Hall*, cette musique de damnés ?

— Elle va accompagner trois cents choristes qui chanteront le *Great-God* et la *Création* de Handel.

— Monsieur Richard Shawb, allez dire à ce festival que j'aime la musique, et que je veux entendre le *Great-God* et la *Créa-*

tion, sous ma croisée, là, ce soir, avant le coucher du soleil.

— Capitaine, dit Richard, nous allons tâcher de vous arranger cela...

— Comment, vous hésitez !

— Non, non, rien n'est si aisé, je vais voir le shériff. Nous vous apporterons le *festival*.

Célestin remonta chez lui et annonça à Xavier le concert du soir qu'il venait de commander à M. Richard.

— Ce sera un beau triomphe, lui dit-il, si nous avions cette armée de musiciens.

Et il se mit à la croisée pour entendre le *festival*.

Une heure avant le coucher du soleil, on vit poindre à l'extrémité de Sakeville M. Shawb triomphant ; il servait d'avant-garde au festival. L'armée des exécutants défila dans cette rue, la plus large de toutes les rues de l'univers, et se rangea en bataille devant *Post-Office*. Une symphonie servit d'ouverture : chaque musicien, selon l'usage, joua son air favori, avec cette noble indépendance qui caractérise l'artiste anglais. Ensuite, trois cents gueules se précipitèrent sur Handel et le déchirèrent sans pitié.

Célestin, du haut de sa croisée, remercia les choristes et les musiciens, et dans sa munificence de roi, il ordonna à Greamesh de désaltérer l'armée avec la brasserie de Luxton.

Greamesh s'inclina.

Cependant il était aisé de voir que Greamesh se contraignit violemment pour ne pas laisser échapper un violent désespoir.

A neuf heures du soir, la nuit était fort sombre à cause d'un orage du commencement de l'été, Célestin ne put résister à l'envie de sortir, mais dans le plus grand incognito, pour entendre les conversations qui se tenaient à leur sujet dans les promenades publiques. Il y avait beaucoup de monde à *Phœnix-Park*. Le marin se glissa ténébreusement dans les groupes, et sa curiosité eut lieu d'être satisfaite. On ne parlait que de la mise en état de siége de Dublin par les deux marins français.

Des ouvriers de Richard Shawb, des employés de *Post-Office*, des convives habitués de Greamesh, tous plus immédiatement intéressés que les autres citoyens à cette étrange affaire, se faisaient remarquer par la violence de leurs propos.

— Il n'est pas juste, disait-on dans ce groupe, que deux ou trois personnes riches paient pour toute la ville. Voilà cette folie du festival qui a pris encore deux cents livres dans la bourse de M. Greamesh. — D'autres voix disaient : — Si ces fantaisies de marins se prolongent,

Greamesh et Richard sont ruinés en huit jours. — C'est évident. — Et que voulez-vous qu'on fasse? — On a écrit hier au gouvernement. — Belle ressource! Le gouvernement ne fera rien. — Il enverra des troupes. — Eh! ils se moquent bien des troupes! — Le plus fâcheux, c'est qu'il se forme à Dublin un parti pour ces deux marins. — Un parti? — Oui, les pauvres sont pour eux. Ce soir, les musiciens, ivres de porter et d'ale, ont crié : *Houra for Célestin!* et c'était Greamesh qui payait!... Oh! cela ne peut pas durer. — Entendez, entendez donc, les choristes du festival ont composé une chanson.

> La naiade du houblon est tarie;
> Houra pour Célestin !

La foule courut vers la procession qui traversait Phœnix-Park, Célestin se retourna et se mit face à face avec M. Richard.

— Ah ! je ne vous quitte pas, lui dit M. Richard à voix très-basse.

— Prenez garde, monsieur Richard, ne jouez pas le rôle de mon ange gardien, prenez garde !

— Capitaine, rentrez, rentrez, il est tard ; votre ami fera quelque mauvais coup.

— Soyez tranquille, mon ami a mes instructions... A propos, monsieur Richard, il faut que vous me donniez un conseil, prenez mon bras et causons en bons voisins.

— Capitaine, je serai charmé de vous donner un conseil.

— Oui, chemin faisant, donnez-moi un conseil... J'ai envie de me marier, qu'en pensez-vous?

— Mais... capitaine... je pense...

— Vous comprenez, monsieur Richard, que nous ne pouvons pas vivre, Xavier et moi, dans cet isolement ; nous avons des devoirs à remplir envers la société...

— Eh bien ! je pense que si vous avez au cœur quelque amour de jeunesse...

— Non, monsieur Richard, non, et tous nos amours de jeunesse sont pauvres : aujourd'hui nous avons des prétentions ; nous visons aux héritières. Le beau sexe est superbe à Dublin ; nous avons fait notre choix.

— Ah! dit M. Richard d'une voix étouffée, vous avez fait un choix ?

— Deux choix... Croyez-vous que les familles consentiront à nous établir ?

— Mais pourquoi pas ? dit le voisin d'une voix tremblante. N'êtes-vous pas de braves jeunes gens ?

— C'est ce que nous disons...

M. Richard tomba dans une profonde

rêverie, et après avoir gardé quelque temps le silence, il dit à Célestin :

— Écoutez, capitaine, vous m'avez demandé un conseil, je veux vous donner un conseil d'ami, me le permettez-vous?

— Donnez, mon voisin.

— Vous allez vous préparer une vie d'enfer, croyez-le bien ; Dublin vous doit une réparation, il vous la fera, j'en suis garant. La société d'assurances, M. Greamesh, l'administration des postes et moi, nous ferons un sacrifice ; nous vous enrichirons d'un seul coup, et nous vous mettrons sur le chemin de la France, avec deux cent mille francs dans votre portefeuille et la liberté.

Célestin s'arrêta, et fixa ses yeux dans les yeux de M. Richard.

— Mon voisin, dit-il après une longue pause, quand nous aurons cette fortune en portefeuille, et que nous aurons éteint notre mèche, comme des imbéciles, on nous pendra.

— Oh ! s'écria M. Richard, ne craignez rien ; cent notables de Dublin, le shériff en tête, et moi, nous jurerons sur l'Écriture sainte qu'on ne vous fera aucune violence, et qu'il vous sera permis de revoir votre pays avec votre fortune et votre liberté.

— Cela demande réflexion, mon voisin... Écoutez, voici un terme moyen...

vous donnerez deux cent mille francs à mon ami Xavier; il partira, et j'attendrai à Dublin qu'il soit arrivé en France ; toujours sans quitter, moi, le baril de poudre. De cette manière au moins, vous ferez un heureux, et il n'y en aura qu'un de pendu.

— Il n'y en aura point.

— Acceptez-vous ma proposition, voisin ?

— Oui.

— Eh bien ! j'accepte la vôtre. Occupez-vous de l'affaire sur-le champ.

— A la minute, capitaine; le sol brûle, il n'y a pas de nuit. A l'aube, je vous attends chez Greamesh.

— Adieu, mon voisin.

— Bonne nuit, capitaine, vous me verrez avant le soleil.

Célestin tomba bientôt dans les bras de son ami, lui conta son entrevue avec le voisin, et ils exécutèrent à deux une ronde de réjouissance autour du volcan.

A l'aube, les cent notables, les deux cent mille francs, le shériff et la Bible étaient dans la maison de Célestin ; Xavier descendit, reçut le serment et les billets de banque, et partit pour Kingston dans la chaise de poste de M. Richard.

Célestin gardait le volcan.

Xavier, en arrivant à Calais, écrivit une lettre à son ami, en lui disant qu'il l'attendait, l'œil fixé sur la Manche. Célestin sortit hardiment, la lettre de Xavier à la main, et sa mèche éteinte. Le peuple l'accompagna sur la route de Kingston aux cris mille fois répétés de *Houra for Célestin*!

En ce moment, Xavier et Célestin vivent dans le coin le plus fertile du département des Bouches-du-Rhône; ils sont membres de la Société d'agriculture, et les premiers agronomes du Midi. Célestin a inventé un semoir mécanique et mérité une médaille d'or à la dernière exposition.

ALBERT DE KERBRIANT.

Devant la rade de Toulon et sur le versant occidental de cette crête de montagne qui lie le pic de Coudon aux gorges d'Ollioules, on rencontre à chaque plateau les plus charmantes maisons de campagne qui soient en Provence; elles ont toutes le même point de vue, la mer, la rade, les vaisseaux, c'est-à-dire le tableau le plus riant et le plus varié. Dans les soirées de la belle saison, les familles se rassemblent sur les terrasses de ces petites villas, et se dédommagent de la chaleur accablante du jour, par la fraîcheur qui monte de la mer aux approches de la nuit.

Les premières étoiles de la veillée de la Saint-Jean 183. venaient de se lever sur la crête grise et nue de Coudon, lorsque dans le silence de la campagne, un coup de canon retentit, et s'éteignit d'échos en échos, de la colline de Lamalgue dans les profondeurs du val d'Ollioules. Un mouvement électrique de terreur courut avec les échos, et troubla les veillées de la plus longue et de la plus belle des nuits d'été.

Partout, sur les terrasses, où causaient les jeunes femmes et les jeunes gens, on entendait ce cri : *C'est un galérien évadé!* Il semble alors que chaque famille isolée va voir tomber au milieu d'elle quelque tigre à face humaine échappé de la ménagerie de l'arsenal de Toulon.

Si quelque observateur avait pu suivre au vol cette longue traînée d'effroi, qui courut de visage en visage à travers les veillées de la Saint-Jean, il aurait remarqué avec surprise la sérénité d'une seule famille, assise sous une treille, entre la rade et la montagne de Six-Fours. Cette sécurité de quelques personnes au milieu de la terreur générale, était pourtant facile à expliquer. Depuis quelques jours, madame de Mellan et sa fille Anna étaient arrivées de New-York à Toulon pour terminer une importante affaire de famille, et elles avaient loué une jolie maison de campagne à peu de distance de la mer et du grand chemin. Un vieux domestique et deux femmes de chambre créoles étaient assis sur la terrasse avec les deux dames, lorsque le coup de canon retentit. Personne ne pouvant donner à ces étrangères l'explication de ce signal d'alarme, elle le regardèrent comme un accident fort naturel dans une ville de guerre, et elles n'interrompirent pas même leur conversation.

L'aveugle hasard, ou pour mieux dire l'intelligent conducteur de la facilité poussa le galérien évadé dans la direction de la campagne habitée par madame de Mellan. C'était un homme qui a laissé un nom illustre dans le *pandæmonium* du crime; c'était le fameux Cardan, flétri et condamné pour bigamie compliquée de faux. Il avait mis deux mois à scier l'anneau de fer qui le liait à son camarade, et un jour que celui ci dormait au soleil, dans le chantier du Mourillon, Cardan rompit le dernier fil de l'anneau et s'évada. Le camarade, après un très-court sommeil escroqué à la vigilance du garde, se vit seul et se blottit dans une caverne de poutres et de planches, pour s'évader à son tour au moment propice; mais on le découvrit le lendemain. Ce ne fut qu'à la nuit close que l'on s'aperçut de la fuite de Cardan.

Ce célèbre forçat était alors âgé de trente ans, il en avait passé quatre au bagne : sa taille haute et bien prise, ses manières distinguées, sa figure pâle et fière, annonçaient un criminel de bonne compagnie, avant que la veste rouge qui nivèle tous les rangs eût caché l'homme comme il faut sous l'enveloppe du galérien. Cette nuit-là, Cardan ne portait que le pantalon de coutil; il avait jeté sa veste aux orties; agile et vigoureux, ses bonds ressemblaient plutôt au vol d'un oiseau ou aux élans de la panthère qu'à la marche précipitée de l'homme. Arrivé sous les grands arbres de la maison de madame de Mellan, il jugea le terrain avec cet instinct subtil que la nature donne à l'être fauve, et grimpant comme un mandrille le long d'un pieu renversé sur la façade de derrière, il entra dans les appartements du premier étage; et cinq minutes écoulées, il avait tout visité, tout vu dans les ténèbres, comme s'il se fût éclairé à la flamme de ses cheveux rouges ou de ses yeux.

Si cette espèce d'homme appliquait au bien les facultés puissantes qu'elle applique au mal, le genre humain serait bientôt régénéré.

Cardan trouva quelques piles d'écus dans un secrétaire, et il les serra dans les premières feuilles de papier qu'il sentit grincer sous sa main. Il se contenta de cette petite somme, suffisante pour les besoins urgents, et d'un bond il sauta de la croisée dans la terre labourée du jardin.

Aux premières lueurs de l'aube, il avait atteint le pic volcanique d'Évenos, qui mêle sa lave éteinte aux nuages.

Là il acheta la défroque d'un berger,

et quelques moutons, et par des sentiers de chèvre, il descendit, le bâton à la main, dans la plaine du Bausset.

Sachant qu'une grande route mène toujours à une grande ville, Cardan suivit ce blanc et long ruban qui serpente de la chapelle Sainte-Anne à la plaine de Cuges, et, chemin faisant, il saluait les gendarmes qui conduisaient les réfractaires, les marins en congé, les soldats arrivant d'Afrique, les saltimbanques et les orgues de Barbarie, tout ce curieux personnel de piétons qui peuplent la route de Toulon à Marseille.

Il entra, protégé par la nuit, à Marseille, après avoir abandonné ses moutons, et prit une chambre modeste dans la rue du Baignoir, où on loge à pied et à cheval, mais surtout à pied.

En déroulant ses écus à la lueur d'une chandelle, il découvrit que les enveloppes étaient deux lettres, et il se mit machinalement à les lire par désœuvrement. Cette lecture, commencée avec insouciance, contracta bientôt les muscles de la face de Cardan et leur donna une expression singulière. Il se leva, le front penché, les yeux fixes, le poing serré, comme un bandit habitué à tous les crimes, et qui découvre, par subite inspiration, le moyen d'en commettre un nouveau. Les scélérats ont aussi leurs illuminations soudaines, et dans leur cerveau toujours en activité, un plan infernal éclate tout armé de ses noirceurs et de ses piéges victorieux.

Ces deux lettres étaient fort longues; l'une était datée de l'île Bourbon, l'autre du cap de Bonne-Espérance. Elles rempliraient ici trop d'espace; il nous suffira de les analyser en peu de mots et de les réduire à leur plus simple expression. Ce résumé sera court.

Madame de Mellan, veuve depuis dix-huit mois, avait quitté New-York, où elle avait perdu son mari, et rentrait en Europe après vingt ans d'absence. Le désir de revoir son pays n'était pour rien dans ce voyage. M. de Mellan, né en Bretagne, était redevable de sa grande fortune à son noble ami, M. de Kerbriant, gentilhomme ruiné par la révolution et non-indemnisé. M. de Kerbriant avait un fils unique nommé Albert ; ce jeune homme, n'ayant rien à espérer dans l'héritage d'une famille pauvre, s'était voué de bonne heure à la profession de marin; mais il n'avait pas malheureusement cette santé robuste que demande le service de la mer. M. de Mellan, à son lit de mort, fit une disposition suprême qui réglait le mariage de sa fille avec le fils de son bienfaiteur, à des conditions si généreuses qu'elles acquittaient noblement la dette de la reconnaissance. La veuve, madame de Mellan, se soumit aveuglément aux dernières volontés de son mari; elle entama une correspondance avec Albert de Kerbriant, et ne trouva dans ce jeune homme qu'un empressement bien naturel à remplir la clause testamentaire du père d'Anna. Il fut donc convenu que les deux familles se réuniraient à Toulon vers le mois de juillet, époque à laquelle Albert de Kerbriant arriverait de Pondichéry, sur un vaisseau de l'État, et que le mariage du jeune officier et d'Anna serait célébré sans retard. Madame de Mellan et sa fille étaient arrivées les premières à ce rendez-vous donné à travers l'Océan.

Un petit billet attaché à l'une de ses lettres annonçait la mort de M. Kerbriant. Ce billet n'était pas de la main de son fils Albert, et il portait le timbre de Nantes.

Cardan conçut alors, après une longue méditation, une de ces idées extravagantes que le seul génie du mal peut faire réussir à l'aide d'infernales combinaisons. D'abord il ne quitta pas subitement son costume indigent, de peur qu'une trop prompte métamorphose ne le compromît aux yeux de l'aubergiste; il se transforma pièce à pièce, achetant et revêtant en détail sa nouvelle toilette; puis il se logea dans une hôtellerie plus distinguée, ayant eu soin de déguiser non-seulement la couleur de ses cheveux et de son teint, mais encore sa taille, sa démarche et sa voix. Sûr de dépister les limiers de la police, il se mit en quête de trouver un ami digne de lui, dans un de ces repaires d'eau-de-vie et de tabac que les grandes villes recèlent honteusement, à l'ombre des plus hideux quartiers

Lavater et Gall sont deux enfants auprès d'un forçat évadé de Toulon. Celui-ci est doué, pour reconnaître un de ses pairs, d'un sixième sens qui est l'odorat du crime. Cardan remarqua, dans un antre alcoolique du vieux Marseille, un jeune homme de vingt-cinq à trente ans, d'une figure pâle et nerveuse, avec des yeux d'un vert mat, ayant dans la nonchalance de son maintien tous les symptômes de l'horreur du travail, et dans son regard les reflets des mauvaises passions. Le costume de cet être annonçait, sous son délabrement, une certaine aisance que la paresse dévasta; chaque pièce de ses vêtements avait joué un rôle aux potences d'un tailleur en renom, à une date oubliée par le journal des Modes. Mais ce qui surtout trahissait une misère fétide et une paresse incurable, c'était une de ces cravates fondues en charpie grasse, et

Dont la ganse impuissante
Dissimule si mal une chemise absente.

Pardon, si je me cite moi-même pour compléter ce signalement.

Cardan se lia bientôt, par la sympathie de quelques petits verres d'*eau-de-mort*, avec cet homme, et il ne tarda pas à reconnaître dans ce nouvel ami une de ces organisations indolentes même pour le crime, et qui ne peuvent se rendre coupables que par l'influence extérieure d'un pouvoir dominateur. Cependant l'habile galérien employa plusieurs jours à sonder cet homme afin de l'élever à la dignité d'un complice, et lorsqu'il crut devoir arriver à la confidence, après quelques largesses d'écus de cinq francs, il lui dévoila ses plans. Dès ce moment, l'un de ces deux misérables fut un esclave aveugle, et l'autre un maître souverain.

Pour mener l'entreprise à bien, il manquait à Cardan une somme d'argent plus forte que celle qu'il avait volée dans le secrétaire de madame de Mellan, et qui d'ailleurs était presque épuisée. Cette obstacle fut bientôt vaincu. Les changeurs de Marseille ne sont pas inexpugnables comme leurs confrères de Paris; ils étalent trop négligemment et toujours à la portée d'une main adroite d'escamoteur leurs doubles napoléons et leurs piastres espagnoles Cardan, qui rendait au besoin ses mains invisibles, en changeant deux louis chez un de ces marchands d'or, enleva deux rouleaux avec tout le talent d'un prestidigitateur de profession ou d'un jongleur indien. Avec ce renfort métallique, il se sentait de force à conquérir le Pérou.

Le complice créé par Cardan se nommait Valentin Proghère. Il ne conserva que son prénom en devenant le valet de chambre de Cardan, devenu lui-même M. Albert de Kerbriant. La mission que Proghère reçut était fort délicate à remplir, malgré les lumineuses instructions reçues de la bouche du maître. Il s'agissait de se rendre en précurseur à la campagne de madame de Mellan, et de sonder adroitement le terrain avant de commencer le drame sans péril pour l'auteur.

Proghète, vêtu en domestique de bonne maison, partit pour Toulon, et, arrivé dans cette ville, il s'embarqua sur un petit canot et descendit devant la campagne de madame de Mellan un peu avant le coucher du soleil. Il joua parfaitement son rôle; il annonça aux deux dames que M. Albert de Kerbriant était arrivé à Nantes sur un vaisseau marchand parti du cap de Bonne-Espérance; que les fatigues de la mer l'avaient forcé de donner sa démission plus tôt qu'il ne l'aurait voulu, et qu'il s'en revenait des Indes simple bourgeois, indépendant du service militaire, et résolu de fixer sa résidence au choix des dames de Mellan.

Pendant l'entretien, Proghère se tenait debout sur la terrasse, tout prêt à s'élancer en trois bonds dans la campagne si le moindre éclair de méfiance paraissait sur le visage des dames. Cette précaution fut inutile. Madame de Mellan était une bonne femme qui avait passé toute sa vie dans une habitation patriarcale des savanes du Nouveau-Monde ; elle ajouta foi plénière à tout ce que lui contait le précurseur de son gendre futur, et dans l'ivresse de sa joie, elle embrassa tendrement sa fille, déjà toute émue à l'idée d'un mariage si précipité.

Le lendemain, à trois heures après midi, un grand bruit de roues et le claquement d'un fouet de postillon annoncèrent l'arrivée d'une chaise de poste dans la grande allée de la campagne.

— C'est M. de Kerbriant, mon maître, dit Proghère ; je reconnais sa chaise.

Un jeune homme vêtu de noir et de la tourunre la plus distinguée, sauta lestement de la voiture sur la terrasse, et comme suffoqué par des sanglots de joie, il précipita ses lèvres sur les mains de madame de Mellan. Cardan était si merveilleusement déguisé, que Proghère s'alarma un instant, car il ne le reconnut pas.

Le forçat évadé s'inclina devant mademoiselle Anna, et lui dit cette phrase préparée pendant quatorze lieues de poste :

— Je bénis la mémoire de votre pere, de cet homme généreux qui m'a choisi pour son gendre; mais je suis heureux de vous dire, mademoiselle, qu'après mon voyage autour du monde, c'est vous que j'aurais choisie pour compagne aujourd'hui.

Ces paroles furent suivies du long silence qui arrive toujours après les émotions profondes; mais l'orsqu'on eut accordé à de tristes souvenirs une part raisonnable de douleur muette, la conversation prit insensiblement une allure vive et gaie, surtout au moment du repas. Cardan fit preuve d'un tact exquis aux yeux des dames en parlant de toute chose, excepté de son mariage. Il raconta, en détail, son voyage, qu'il avait appris la veille sur une mappemonde, entremêlant son récit de tous les termes techniques de marine qu'il avait trouvés dans les livres spéciaux A la fin, il prit une pose et un accent mélancoliques, et dit :

— J'ai fait cinq mille lieues, j'ai visité les cinq parties du monde, j'ai vu tous les peuples, et j'ai reconnu, par cette expérience de vieillard qu'un pareil voyâge donne à un jeune homme, j'ai reconnu que le bonheur, s'il existe, doit se rencontrer seulement au sein des devoirs domestiques, loin du monde, et dans une famille isolée, faite de parents et d'amis.

Madame de Mellan serra les mains de Cardan, et sa pantomime exprimait tout le bonheur qu'elle éprouvait d'entendre de si beaux sentiments dans la bouche de son gendre.

Par une transition habilement ménagée, Cardan amena sa future belle-mère à prendre une détermination fort importante pour lui. Il raconta de prétendus démêlés qu'il avait eus à Nantes avec de jeunes officiers ses anciens camarades, qui venaient de lui reprocher ce qu'ils appelaient sa désertion en termes assez vifs pour provoquer une affaire d'honneur.

— Je ne crains pas une rencontre de ce genre, ajouta-t-il, on le sait ; mais il est toujours désolant de croiser l'épée avec de vieux amis qui envisagent ma démission avec tant d'injustice. J'aime mieux leur laisser le loisir de réfléchir sur leurs procédés. Lorsque mon commandant, qui me connaît, sera de retour dans un port de France, il plaidera ma cause mieux que moi. Aussi, j'ai bien résolu de ne pas me montrer à Toulon et d'éviter des désagréments qui peuvent avoir des suites sérieuses et déplorables. Si ma belle mère y consent, nous ferons quelque petit voyage dans l'intérieur, ou en Italie ou en Espagne, à son choix ; et, quand nous rentrerons en France, ma conduite aura déjà été justifiée par mes camarades arrivés des Indes ; et mes injustes amis n'auront que des excuses à m'offrir.

Tout cela fut dit d'un ton simple et naturel qui aurait trompé les plus habiles. La bonne et naïve madame de Mellan s'alarma tellement, pour sa fille surtout, à l'idée de ces querelles d'honneur, qu'elle proposa la première d'abandonner le territoire d'une ville où son gendre avait eu trop de relations pour ne pas trouver un ennemi et un injuste duel. La campagne même où elle s'était retirée n'était pas une garantie contre ses alarmes maternelles, puisque toutes les résidences voisines étaient peuplées de familles de marins qui échangeaient des visites dans les soirées de la belle saison.

Cardan ne témoigna aucun empressement de quitter sur-le-champ la campagne de Toulon ; mais ce calme, fort bien joué, ne servit qu'à redoubler les craintes de madame de Mellan, qui se crut obligée de faire violence à son gendre futur pour le décider à entreprendre un voyage; puis tirant à part le galérien, elle lui dit en montrant Anna :

— Cette pauvre enfant est bien timide; elle n'ose vous regarder en face : il faut voyager quelque temps ensemble pour lui donner un peu de hardiesse. Rien ne mûrit promptement les liaisons comme un voyage ; on est de vieux amis au bout d'un mois. Nous sommes indépendants de tout le monde, vous et moi, n'est-ce pas ? vous pouvez épouser ma fille en Espagne, en Italie comme en France, comme partout. Ainsi commençons par mettre notre esprit en repos, et partons.

Cardan s'inclina de l'air d'un homme qui se résigne, et il dit :

— Je ne veux pas refuser à ma belle

mère le premier service qu'elle me demande : partons.

Dans les dispositions de départ qui furent faites entre Cardan et la bonne veuve, il fut convenu que Proghère, le prétendu valet de chambre, resterait à la campagne pour soigner les bagages et les petites affaires domestiques laissées en souffrance, et qu'on lui laisserait une certaine somme d'argent pour les dépenses prévues et imprévues.

Le lendemain, avant l'aube, madame de Mellan, sa fille et le galérien partirent en poste pour Marseille. Cardan se procura dans cette ville un passeport pour l'Espagne, et quelques jours après, il descendait avec les deux dames ses victimes, à l'hôtel des Asturies, à Barcelone.

Les annales du crime offrent peu d'exemples d'une histoire où l'incroyable joue un plus grand rôle. Au reste, si ces événements n'étaient pas extraordinaires, ils ne seraient pas racontés.

Deux semaines environ après le départ de madame de Mellan, le jeune Albert de Kerbriant débarquait sur le quai de Toulon, devant l'Hôtel-de-Ville, et sans se donner le temps de quitter les habits qu'il rapportait des Indes, il courait à la recherche de madame Mellan. Aux bureaux de la poste, on lui indiqua la campagne, et notre marin sauta sur le premier cheval de louage et s'y rendit en trois élans de galop.

Arrivé des Indes avec la riante perspective d'un mariage millionnaire improvisé, toucher la terre, voir la maison qu'habite la jeune fille inconnue et adorée, tout cela n'arrive qu'une fois dans ce monde : aussi je crois qu'il n'y a rien de plus doux. Le jeune Albert tressaillit à la vue de cette treille italienne, qui laissait apercevoir à travers ses pampres, des nuages de cheveux et de mousseline blanche : là était sa famille future, son bonheur, sa fortune, son avenir. Il se précipita de cheval à l'extrémité de l'avenue, et arrivé sur la terrasse dans une agitation extraordinaire, il prononça le nom de madame de Mellan et le sien. Un groupe de dames et de jeunes gens se leva silencieusement au cri d'introduction du jeune homme, et tous les regards stupéfaits interrogèrent ce nouveau venu que personne ne connaissait.

Un instant étourdi par cette réception étrange, Albert de Kerbriant pensa qu'il s'était trompé de maison, et il s'excusa en ces termes :

— Pardon, mesdames, j'ai fait fausse route; ce n'est pas étonnant, il y a tant de maisons de campagne dans cette plaine sans rues et sans numéros, que j'ai pris celle-ci pour une autre; pourtant on m'avait donné d'excellentes indications.

Une dame d'un âge mur prit la parole et dit au marin :

— Peut-être ne vous êtes-vous pas trompé, monsieur; nous n'habitons cette maison de campagne que depuis la semaine dernière : c'est bien madame de Mellan qui était ici avant nous; les fermiers nous l'ont dit, et ils vous le diront comme moi.

— Madame de Mellan est donc rentrée en ville? demanda le jeune homme agité par un pressentiment sinistre.

— Non, monsieur; elle est partie en chaise de poste avec sa fille et son gendre.

— Son gendre! s'écria le marin avec une voix surnaturelle.

— Son gendre, ou du moins le jeune homme qui doit épouser sa fille Anna.

Albert de Kerbriant fit un énergique appel à sa force morale, et honteux de donner son émotion en spectacle à des étrangers, il se composa un visage, un organe et un maintien calmes, et dit :

— Excusez-moi, madame, si j'entre ici dans des détails qui peuvent vous paraître indiscrets; encore une question, s'il vous plaît; auriez-vous entendu le nom de ce gendre, de ce jeune homme qui doit épouser mademoiselle Anna de Mellan ?

— Oh! c'est un nom bien connu ici, dans cette maison; les femmes de chambre l'ont assez répété aux fermiers et aux fermières des environs : Mademoiselle Anna épouse M. Albert de Kerbriant.

— Je le savais!... dit le véritable Albert.

— Vous voyez donc, monsieur, que nous sommes bien instruits. A cette heure, le mariage doit être accompli.

— Avec M. de Kerbriant! s'écria le jeune homme d'une voix effrayante qui fit tressaillir les témoins de cette scène.

Toutes les têtes firent des signes affirmatifs.

— Avec M. de Kerbriant! répéta le malheureux Albert sur le même ton de désespoir; vous voyez bien que c'est impossible! c'est moi qui suis Albert de Kerbriant et qui viens me marier avec Anna de Mellan! Ceci est un mystère infernal! Quelque bandit a intercepté mes lettres, a pris mon nom! Quelle révélation affreuse!

Et il s'assit lourdement sur la banquette de la treille, en essuyant la sueur froide de son front.

Une surexcitation de colère le remit bientôt fièrement sur ses pieds; il comprit que toute sa raison, son calme de marin, son sang-froid d'homme lui étaient nécessaires pour découvrir et châtier un acte infâme, sans exemple dans la société. Il prit congé des dames de cette maison de campagne, en s'excusant d'avoir troublé leur solitude; il courut recueillir, aux environs, des renseignements de la bouche des fermiers, et quand il connut, par des rapports certains, l'heure, le jour et la voie de départ, il ne perdit pas un instant et il se jeta sur les traces du ravisseur.

A Marseille, il courut tous les hôtels de luxe, et aux premières informations qu'il prit à l'hôtel des Empereurs, l'intelligent et l'agile Castel reconnut tout de suite les deux voyageuses et le voyageur; il dit à Albert de Kerbriant que les trois personnes auxquelles il portait tant d'intérêt avaient passé deux jours dans la maison, et qu'elles s'étaient embarquées pour Barcelone. Castel indiqua même le banquier où il avait conduit le faux Albert de Kerbriant, qui demandait une lettre de crédit de quinze mille francs pour sa belle-mère, dont il avait encore la procuration. Le jeune marin courut chez le notaire et le banquier désignés. Non-seulement les renseignements de Castel étaient vrais de tous points, mais Albert de Kerbriant reconnut encore chez le banquier sa propre signature, contrefaite avec un talent d'imitation qui révélait une main de galérien faussaire. Ce fut un trait de lumière pour le jeune homme. Il prit des chevaux de poste, et en moins de cinq heures, il était à Toulon, chez M. le commissaire du bagne, qui lui annonça l'évasion de Cardan, bigame et faussaire et lui donna son signalement.

Albert, le soir même, partait pour Barcelone, muni d'autres instructions précieuses et d'une lettre pour le consul de France.

Il fallait suivre au vol cette horrible intrigue ; une minute perdue pouvait déterminer un malheur irréparable.

A peine débarqué à Barcelone, Albert de Kerbriant courut chez le consul. La nuit couvrait la ville ; neuf heures sonnaient.

Le consul était au théâtre italien. Albert ne fit qu'un bond du consulat au théâtre ; on lui indiqua la loge du représentant de la France, il y entra, et s'excusant de sa visite importune, il exhiba sa lettre d'introduction qui expliquait tout.

Le consul pria le jeune de Kerbriant de le suivre dans l'arrière-loge, pour causer sans témoins et sans auditeurs.

Voici l'affreuse confidence qu'Albert recueillit dans cet entretien :

— Un étranger d'un âge indéterminé, dit le consul, s'est présenté chez moi, il y a trois semaines environ, s'annonçant sous le nom d'Albert de Kerbriant. Il venait, disait-il, visiter l'Espagne avec sa future belle-mère et sa fiancée. A l'expiration très-prochaine de son deuil, il devait se marier. Les manières de cet homme m'ont paru étranges : c'était un mélange de bon ton étudié, de langage noble et d'habitudes et d'expressions vulgaires. Il avait dans ses poses un calme d'emprunt, contrarié par des élancements nerveux. Il me rendait une visite, disait-il, pour me présenter ses hommages d'abord, et ensuite pour me consulter sur les formes à suivre dans les mariages en pays étranger. Je lui ai donné toutes les explications qu'il a paru désirer. Depuis cette visite, je l'ai revu deux fois, et ce soir, si vous voulez le voir, il est en loge avec ces dames, presque en face de nous, à l'amphithéâtre. Le signalement que vous m'avez donné de cet étranger est frappant d'exactitude, avec cette différence pourtant que ses cheveux sont noirs et abondants, au lieu d'être blonds et courts ; mais c'est sans doute une supercherie de coiffure qu'il sera fort aisé de découvrir.

Albert de Kerbriant pria le consul de vouloir bien lui accorder une place dans sa loge, et un instant après il occupait son poste d'observation.

Du premier coup d'œil il jugea la moralité de cet homme qui, ne se doutant pas qu'un regard scrutateur était fixé sur lui, gardait une immobilité sombre, et semblait n'appartenir que de corps a ce monde enthousiaste qui applaudissait un duo italien. Cardan, vêtu de noir, avec sa figure couverte de cette pâleur cuivrée, fard du galérien, avec son œil fixe, son front déprimé, ses narines convulsives, ressemblait à un être surnaturel, dégagé de toute préoccupation frivole, et méditant quelque projet conseillé par l'enfer. A côté de lui, comme contraste, s'épanouissait, dans sa naïve joie de jeune fille, Anna de Mellan; on aurait cru voir une colombe ignorant le péril et posée sur le même rameau à côté d'un vautour. Albert de Kerbriant se leva au premier entr'acte, et saluant le consul du geste familier qui signifie, au revoir dans l'instant, il se dirigea vers la loge du faussaire ravisseur. Le consul suivit Albert de loin.

Il frappa trois légers coups, la porte s'ouvrit, et d'une voix calme et distincte, il nomma M. Albert de Kerbriant.

— C'est moi, monsieur, répondit Cardan.

— J'ai deux mots à vous dire en particulier, dit Albert.

Cardan se leva non sans trahir quelque émotion, et sortit dans le couloir.

— C'est donc à M. Albert de Kerbriant que je parle? dit Albert.

— Certainement, monsieur, répondit le galérien avec une voix enrouée par un trouble subit.

— Vous êtes bien sûr de cela?

— Voilà une singulière question! dit Cardan avec un sourire sérieux.

Albert saisit vivement les cheveux d'emprunt de Cardan, et la tête rasée du galérien se découvrit à nu.

— Tu es un bandit du bagne de Toulon !

Cardan poussa un rugissement sourd, et tirant un poignard, il allait se débarrasser de ce foudroyant inconnu avant que cette scène eût d'autres acteurs, lorsqu'Albert, qui avait prévu le coup, saisit adroitement le galérien par le bras et la cravate, et l'incrusta sur le mur voisin en appelant à l'aide. Aux cris du marin, on accourut de toutes les loges voisines. Cardan, qui n'avait pas quitté son poignard, fut arrêté par des hommes de police, et Albert, se cramponnant avec une vigueur surhumaine au collet de son habit et au col de sa chemise, déchira linge et drap du même coup de griffe, et mit à nu l'épaule du galérien flétrie par deux lettres sur une peau brûlée au soleil de Toulon. Un murmure d'horreur éclata de tous côtés; mais Albert ne perdit pas son temps à raconter son histoire, il avait un plus pressant devoir à remplir.

Madame de Mellan et sa fille prêtaient l'oreille avec inquiétude aux bruits alarmants qui venaient des corridors, et elles n'osaient se hasarder dans cette foule curieuse qui les envahissait. Tout-à-coup, le consul de France, suivi d'un étranger vêtu de l'uniforme de notre marine royale, entra dans la loge de ces dames, et leur dit :

— Je vous prie d'accepter mon bras, mesdames, et de me suivre chez moi, c'est-à-dire chez vous, car ma maison est celle de tous les Français.

Madame de Mellan et sa fille, trop émues pour approfondir tant d'incidents mystérieux, n'hésitèrent pas à suivre leur consul.

La veuve prit le bras d'Albert, et Anna le bras du consul.

Aux clartés des candélabres qui versent

un grand jour sur le péristyle du théâtre, on dissinguait aisément, comme en plein midi, un homme pâle et chauve, les épaules nues, entraîné par la police et hué par la foule.

— Mon Dieu ! s'écria madame de Mellan, c'est Albert.

— Non, madame, lui dit le consul, cet homme n'est pas Albert de Kerbriant : c'est un bandit qui a ourdi contre vous et mademoiselle une trame abominable. C'est un galérien évadé du bagne de Toulon ; il est marqué sur l'épaule des lettres T. F., ainsi que vous pouvez le voir, si la foule nous permet de nous approcher de lui.

Un vif saisissement bouleversa toutes les facultés de madame de Mellan, et la parole lui fit défaut pour répondre.

Ce fut dans la maison du consul qu'il y eut un échange d'explications et de surprises, qui devait amener cette histoire à son dénoûment naturel et légitime. Tous les droits usurpés par le faussaire furent restitués au véritable Albert de Kerbriant.

L'émotion qui suivit cette orageuse soirée ne permit pas aux deux dames d'accueillir Albert de Kerbriant comme il méritait d'être accueilli; mais le lendemain, madame de Mellan et sa fille n'eurent pas assez d'éloges à donner à leur jeune et charmant libérateur ; et ce jour même, à la table du consul de France, il fut arrêté que le mariage d'Anna et d'Albert serait célébré à l'église Saint-Louis, à Toulon, et que l'amiral serait prié de signer au contrat.

ANNIBAL A CAPOUE.

> Annibal se plongea dans les délices de Capoue.
> (*Tous les historiens.*)

Les vieux professeurs de rhétorique n'existent plus, je crois ; ceux de notre temps étaient fort peu rhétoriciens.

Je ne sais trop pourquoi ils préféraient Annibal à Scipion.

Tite-Live en main, ces rhéteurs vénérables s'élevaient à un vrai désespoir lorsqu'ils arrivaient au passage où le général carthaginois, vainqueur à Cannes, s'endort dans les délices de Capoue.

Mon professeur était furieux contre Annibal à cause de cela; mon professeur n'aurait pas balancé un instant, lui; il aurait marché sur Rome; il aurait pris la ville en étendant la main, il aurait taillé en pièces le reste des légions de Térence Varro, et Rome serait devenue carthaginoise en deux ou trois jours.

Nous, enfants, nous consolions ce professeur de notre mieux ; nous le suppliions de ne pas irriter ses nerfs par ce douloureux souvenir d'une faute irréparable.

Le vieillard fermait brusquement son Tite-Live, et répétait avec un accent de douleur aiguë : « *Ne pas avoir marché sur Rome après Cannes!* »

Et il citait à l'appui une foule de savants, le père Rapin, l'abbé Lebatteux, l'abbé Rollin, qui tous auraient marché sur Rome, et l'auraient prise, comme lui, s'ils eussent été à la place d'Annibal.

A l'époque où ces rhéteurs florissaient, on vivait beaucoup plus dans l'histoire ancienne que dans l'histoire présente ; on dédaignait les faits domestiques et contemporains.

Un point de controverse chronologique, pourvu qu'il fût âgé de quinze ou dix-huit siècles, suffisait au bonheur d'un savant.

Beaucoup ont vécu sur le gouffre de Curtius, d'autres sur le serpent de Régulus, d'autres encore sur la comète de Jules César : tous se sont réunis dans un commun examen pour accuser Annibal de s'être laissé corrompre par les délices de la Campanie.

Un nombre infini de volumes ont été publiés, en ce temps, pour déterminer le plus ou moins de culpabilité d'Annibal; car personne n'a jamais songé à le justifier d'une faute si évidente.

Aujourd'hui, ces graves récriminations sont tombées en désuétude.

Les savants s'occupent fort peu d'Annibal, et les jeunes professeurs de rhétorique, plus tolérants que leurs devanciers, ont bien voulu permettre à Annibal d'être plus instruit qu'eux en fait de guerre.

Le moment est donc venu d'éclaircir, sans passion, ce grave débat : les vieilles rancunes sont assoupies; les esprits sont mieux disposés à juger ce grand procès antique; la justification du héros carthaginois sera tardive, mais n'en sera que plus éclatante; il fallait que tôt ou tard cette grande mémoire fût lavée d'une tache jugée indélébile jusqu'à ce jour.

C'est un jeune professeur de rhétorique au séminaire du Vatican, qui a eu la bonté de mettre à ma disposition les matériaux de ce nouveau chapitre d'histoire, dans la bibliotbèque des archives de Saint-Pierre.

Je n'invente pas, je traduis, ou à peu près, comme on traduit aujourd'hui.

I.

1.

Annibal est la plus grande figure de l'antiquité.

Alexandre n'a jamais fait que des conquêtes faciles, il n'a vaincu que des armées de femmes; il a jeté un coup d'œil sur l'Italie, et il a reculé; le chemin de Babylone et de Tarse lui sourit; il aima mieux se baigner dans le Cydnus que dans le Tibre; il craignait moins Darius que le consul Papirius Cursor.

Annibal dédaigna, lui, tout ce qui était facile; il rêva l'impossible de son temps, et en fit une réalité.

Enfant, il jure, entre les mains de son père, une haine immortelle aux Romains; la haine grandit avec lui; à vingt-cinq ans, il demande une épée et quelques soldats; on les lui donne.

Alors il conçoit un plan de campagne comme l'histoire de la guerre n'en offre point de pareils.

Il traverse l'Espagne et la Gaule en livrant une bataille continuelle.

Il bat les Gaulois et s'en fait des auxiliaires; il entraîne avec lui ces vieux ennemis de Rome qui se souviennent de Brennus.

Jamais une armée ne se composa d'éléments plus divers.

Chaque nation avait donné son contingent de guerriers au général carthaginois, depuis le désert de Barca jusqu'aux Alpes.

Annibal, avec sa politique astucieuse, sa volonté d'Africain, son éloquence de feu, tenait en rigoureuse discipline toutes ces peuplades rivales, réunies un moment contre l'ennemi commun.

Il leur promettait un butin immense, le partage des terres, le trésor du monde enfoui au Capitole.

Il leur promettait aussi des plaisirs et des fêtes pour récompenser leur continence guerrière.

Lui-même il donnait l'exemple de cette mâle vertu du soldat; le jeune et ardent Africain ne s'abandonnait jamais aux séductions qui amollissent; il dormait sur la dure, aux pieds de ses sentinelles, se levait avant l'aube pour visiter son camp, partageait son pain avec ses soldats, et buvait, avec eux, l'eau du torrent dans le creux de sa main.

Quand les ennemis se furent abaissés

devant son épée, les Alpes s'élevèrent devant ses pas; nouvelle victoire à remporter, plus rude que celle de Sagonte.

Jamais général n'eut une plus grande bataille à livrer, et avec les soldats les moins aptes du monde à s'en tirer avec honneur.

Annibal avait dit à son armée, épuisée de victoires, de privations et de fatigues :

« Voilà les Alpes, voilà le terme de nos travaux! encore un pas, et vous êtes au but! »

Les Alpes se dressèrent comme un glaçon polaire, du sol aux nues, par échelons gigantesques; on vit s'avancer les enfants du désert d'Augela, qui frissonnaient sous leurs chlamydes: les noirs Almozavides du pays antique de Téchor, les Maures de Zala, les sauvages tribus des Lunctames, qui brûlent sous le tropique du cancer; les guerriers basanés de Barca et de Levata, qui vivent dans les sables à l'Occident de la chaîne libyque.

Tous ces fils du chaud Orient escaladaient les Alpes, Annibal à leur tête; le jeune général n'avait jeté qu'un léger sayon de pâtre gaulois sur ses épaules brunes et nues; les glaçons pendaient en grappes de sa barbe et de ses cheveux; nul n'osait se plaindre devant lui.

Tous le suivaient, les yeux fixes sur le lion de Carthage, qui rayonnait aux enseignes et qui déjà semblait défier la louve de Rome.

De temps en temps, d'horribles fracas suspendaient la marche de l'armée; c'étaient des avalanches monstrueuses qui emportaient avec elles les soldats, les chevaux, les éléphants.

Les Alpes se défendaient ainsi contre cette invasion des barbares.

Mais les barbares montaient toujours; un geste d'Annibal retirait les soldats, les chevaux, les éléphants du fond des abîmes.

Ni les sapins qui mugissaient à la tempête d'hiver et secouaient les glaçons en lambeaux comme une grêle, ni les tourbillons de neige massive, ni les torrents qui entr'ouvraient le gouffre de leurs lits sous les pieds des assiégeants, ni les puissantes haleines qui soufflaient de toutes les cavernes, rien n'arrêtait cette escalade héroïque.

Un matin, à l'aube, l'avant-garde gauloise planta l'étendard du gui et du coq essorant sur le dernier pic des sommets alpins.

Une immense clameur druidique roula aux abîmes; les Titans africains répondirent par des rugissements de tigres, et s'élancèrent, avec des bonds prodigieux, sur les derniers gradins qui touchaient au ciel.

Le plateau culminant se couvrit de toute cette armée qui tenait enfin sous ses pieds les Alpes vaincues..

Annibal, sur son dernier éléphant, montra de la main, à ses soldats, ces magnifiques campagnes de Lombardie, arrosées par l'Éridan, et semblait leur dire : voilà le prix de vos travaux.

Ce fut alors une nouvelle explosion de cris délirants et sauvages.

Les noirs enfants de Barca, la tête couverte de lin roulé retombant, à doubles bandelettes, sur les épaules, les bras allongés sur les piédestaux granitiques, la face immobile et tournée au soleil, ressemblaient à une armée de sphinx vivants, que l'Égypte envoyait à Rome et qui faisaient une halte sur les monts.

L'Afrique roula comme une noire avalanche du haut des Alpes sur l'Italie.

Un air tiède et embaumé ranima les soldats d'Annibal.

Ils se ruèrent en délire sur ces jardins de fleurs qu'ils regardaient comme leur conquête.

Deux armées consulaires, envoyées contre eux, furent anéanties à la Trébia et au Terni.

Alors, dans l'ivresse de deux victoires, ces hommes demandèrent à grands cris les terres promises, le repos mérité, les fêtes attendues, les femmes italiennes, les vins du Midi, tout ce que le vaincu devait au vainqueur.

Une sédition éclata dans l'armée; les nations rivales qui la composaient se réunirent dans la manifestation commune des mêmes vœux.

Ce fut Magon, frère d'Annibal, qui fut chargé par les mécontents de formuler la plainte de l'armée au général carthaginois.

— Frère, dit Magon, les soldats murmurent; ils réclament l'exécution de tes promesses. Le jour du repos et du plaisir est-il venu pour eux?

— Je tiendrai ce que j'ai promis, répondit Annibal. Nous sommes aux portes de

Rome. Il faut donner un dernier coup d'épée, et l'Italie est à nous.

Et le général carthaginois courut à cheval dans les rangs de son armée, parlant avec fierté aux Africains, avec finesse aux Espagnols, avec franchise aux Gaulois, avec éloquence à tous.

Il apaise la sédition et entraîne les combattants sur les crêtes et dans les gorges des Apennins étrusques.

Là, un nouvel ennemi attendait l'armée, l'épidémie des Maremmes.

Annibal lui-même fut frappé à l'œil droit par le démon de l'air.

Quand il se releva, convalescent, de son lit de roche, ce fut pour tirer l'épée contre les nouvelles légions qui l'attendaient sur le lac de Trasimène.

Carthage fut une troisième fois victorieuse. « Maintenant Rome est à nous, » dit Annibal à ses soldats.

Mais Annibal connaissait trop bien le secret de sa faiblesse pour tenter un coup décisif contre cette puissante Rome, si redoutable encore par la ceinture de ses remparts et le désespoir de ses enfants.

Il se dirigea vers l'Adriatique, dans l'espoir de trouver une flotte carthaginoise et des secours attendus.

L'habile général n'avait pas encore appris à connaître sa patrie; les orateurs du sénat de Carthage, qui parlaient fort bien et ne se battaient pas, commençaient déjà leur opposition contre Annibal.

Cette rayonnante gloire de jeune homme offusquait les yeux des sénateurs.

L'un d'eux préparait ce fameux dilemme : « ou Annibal est victorieux comme
» il s'en vante, et il n'a pas besoin de se-
» cours, ou il est vaincu, et dans ce cas,
» il ne doit songer qu'à la retraite. »

Ces sortes d'arguments avaient un grand succès au sénat de Carthage.

— Ils ne savent pas, disait Annibal avec mélancolie, ils ne savent pas que trois victoires sont aussi funestes qu'une défaite ! A la bataille d'Héraclée, Pyrrhus avait vingt-huit mille soldats, il en perdit la sont écoulées depuis que la lyre est muette, depuis que le feu s'est éteint sur les trépieds du bain. Allez, et soyez joyeux; je veillerai jusqu'aux premiers chants des clairons de Diane. Soyez aussi de bonne confiance dans le cœur et l'œil du Gaulois.

En disant ces choses et quelques autres encore, ils adoucirent leurs inquiétudes.

L'aube, qui verse la gaîté à ceux qui ont eu la veillée triste, blanchissait le faîte des îles.

Magon donna un sourire aux divinités qui président au jour; et, montrant à Iturix un nom écrit en lettres grêles et rouges sur la pierre ostiaire, il lui dit :

— Retirons-nous au loin, et respectons les mystères de la nuit. Allons !

Le nom écrit était celui-ci : *Olympia.*

Cependant les clairons des Gaulois vigilants, sonnaient sur les murs de la haute citadelle : tout dormait encore dans la ville voluptueuse.

On ne voyait sur la voie romaine qui la traversait qu'un groupe joyeux formé par les jeunes Maures de Barca et les enfants de Marseille ; ils allaient chasser ensemble dans le bois de chênes et de lauriers-roses qui couronnait le mont Tifata, et les Marseillais chantaient l'hymne à Diane Venatrix, qu'ils apportaient du plus beau temple que la déesse eût dans la Gaule.

Les marchandes de Casilinum arrivaient sur le Séplasia.

Les desservants des temples puisaient l'eau du sacrifice aux fontaines pures encore des souillures du jour, et ils ouvraient les portes des temples des dieux.

D'heure en heure la ville s'animait et se faisait bruyante, mais c'était l'agitation indolente d'un peuple qui se réveille pour le plaisir, et qui répugne aux dures obligations du travail.

On disait qu'Annibal devait donner des jeux et un festin public, et que le jeune héros allait paraître, en costume romain, sur la grande place de l'Hécathéon.

Les rues se jonchaient de fleurs, les îles se festonnaient de verdure ; l'encens brûlait sur le péristyle des temples; les prêtres couronnaient de roses et de myrthes les statues de leurs divinités.

Déjà le sénat en masse s'était rendu devant la maison des Céler, où, disait-on, Annibal se reposait, pour la première fois, du voyage du monde.

Le sénat et le peuple gardaient le plus profond silence, et ils attendaient impatiemment que l'ostiaire de Pacuvius ouvît la maison où dormait le vainqueur de Cannes.

Les sénateurs étaient presque tous des jeunes gens que la débauche avait vieillis, et qui justifiaient ainsi un titre que l'âge leur eût refusé.

Le chef du sénat répétait sa harangue, qui devait être courte, pour ne fatiguer ni le héros, ni l'assemblée, ni l'orateur.

Cependant la porte de Pacuvius ne s'ouvrait pas.

Non dans cette maison, mais dans une autre, Annibal était couché sur un lit de pourpre, et il écoutait une voix douce comme le son de la vague ionienne qui meurt dans le golfe de Tarente.

Cette voix parlait la langue divine inventée pour les dieux, les héros et l'amour.

— Fils d'Hamilcar, disait-elle, quand ton pied aura touché le chemin de Nola, tu auras oublié Olympia la Grecque !

— Et Olympia n'aura pas oublié, dit Annibal.

— J'oublie, je ne trahis pas ; les dieux m'ont ainsi faite. Si je n'eusse aimé qu'un homme, j'aurais rendu malheureux tout ce que le ciel des deux Grèces a fait éclore de grand'parmi les mortels.

— Et moi aussi, Olympia, je serais mort d'amour à tes pieds ; ce que n'ont pu faire six consuls, tu l'aurais fait, toi, faible femme! Que de reconnaissance je te dois!

— Ils m'ont tous parlé ainsi, ceux qui m'ont aimée.

— Et tu n'en as jamais aimé un seul?

Olympia mit ses bras d'ivoire en guise de collier au cou d'Annibal et lui sourit, en secouant sur son front ses longues boucles de cheveux.

— Jamais un seul? reprit Annibal.

— Jamais! dit Olympia avec un nouveau sourire, un sourire divin.

— Et que fais-tu de ta beauté?

— Je rends les dieux jaloux de tous mes amants.

— Et tu n'es pas heureuse, toi !

— J'attends, je cherche, j'espère. Voilà mon bonheur. Ah ! je paierais de tout l'or de mon épargne un seul de ces éclairs de volupté que j'ai vus luire sur le front de l'homme !

C'est ainsi!... Puissent les dieux verser la consolation dans mon cœur!... Annibal, as-tu vu des femmes comme moi, dis?

Un sourire de sphinx contracta la figure basanée du jeune Africain. Olympia répéta sa demande.

— Femme, dit Annibal, lorsque j'étais enfant, mon père me fit descendre dans le temple sous-marin de Typhou, le dieu vengeur, le dieu du mal.

Un prêtre de la ville d'Hermès immola un taureau noir sur l'autel, et remplit du sang de la victime une grande cuve de porphyre, le sang, à la lueur des torches, ressemblait à un fleuve de votre Tartare ; je le considérai longtemps, et je crus en voir sortir des flammes.

Nous n'étions que trois dans le temple, mon père, le prêtre et moi. Autour de nous se dressaient d'énormes statues de granit noir, avec des faces horribles et des couronnes de serpents ; devant l'autel était peinte, sur un fond de sang, la grande image de Typhou, qui, les lèvres gonflées de colère, secouait sur nous les lumières de son *fléau* : Je croyais entendre siffler, à mes oreilles l'arme infernale de ce dieu, car le vent de la nuit tourmentait les vaisseaux dans le port, et jouait dans les cordages.

La flotte de Carthage s'agitait sur nos têtes, et le temple sous-marin était plein de bruits mystérieux et terribles qui lui venaient de la tempête et de la mer.

C'est là, devant ce prêtre, devant ces redoutables images, devant ce fleuve de sang, et dans cette formidable nuit, que mon père me demanda un serment.

Mon père n'était pas la figure la moins imposante de ce tableau.

Ses yeux noirs lançaient des flammes, sa barbe s'agitait sur sa poitrine comme une toison à la gueule d'un tigre ; il me tendait une de ces antiques et lourdes épées que les soldats de Cambyse ont laissées dans les sables d'Ammon.

Je me précipitai sur cette arme avec une furie fiévreuse, je la soulevai de ma main d'enfant et prenant à témoin les divinités de la nuit, les génies du grand désert, les simulacres du temple, je jurai à la ville de Rome une haine de sang et de mort.

A ma voix, les trirèmes carthaginoises tressaillirent sur ma tête ; le vent souffla du désert, comme pour me favoriser, et pousser la flotte à la mer Tyrrhénienne ; les échos du temple m'applaudirent ; le taureau du sacrifice exhala son dernier mugissement; je crus entendre le dernier soupir de Rome, la ville abhorrée! Mon père me serra sur sa poitrine, et ses augustes larmes brûlèrent mon front.

« Dix ans se sont écoulés depuis cette nuit solennelle jusqu'au jour tant désiré, où je partis pour attaquer Sagonte, la ville alliée des Romains : ces dix ans n'ont fait que continuer cette nuit.

Mes rêves de solitude et de sommeil étaient tous à Rome; je n'avais qu'un souvenir, mon serment; qu'une idée, la vengeance. Mes regards dévoraient la mer qui me séparait de l'Italie; chaque jour, et cent fois le jour, je traçais avec mon épée, sur le sable du rivage, de longues lignes qui figuraient ma route de l'Afrique à Rome ; ce dernier cercle immense qui commençait à Sagonte et finissait à Tarente.

Ose me demander maintenant, Olympia, si j'ai livré un seul instant de ma jeunesse aux plaisirs.

La seule femme que j'aie poursuivie, cette Rome, elle a eu toutes mes pensées de dix ans; j'aurais craint de donner à cette passion de haine une rivale d'amour; le nom de Rome roulait continuellement dans ma bouche; il n'y avait pas d'autre place pour un autre nom.

Ce n'est qu'après avoir frappé quatre

fois au cœur cette ville maudite, que j'ai laissé tomber un regard sur le visage d'une femme, sur le tien, belle Olympia. Que les destins soient bénis!

Olympia effleura de ses doigts caressants les cheveux noirs et rudes d'Annibal.

— Tu es un héros, un Dieu, lui dit-elle; tu mérites l'amour d'une déesse. Il y a des nymphes belles et chastes qui habitent les grottes marines de Néapoli; quand tu seras sur le sable d'or de leur golfe sacré, sans doute, la plus belle de ces immortelles t'appellera par ton nom, et te montrera son lit nuptial d'algue vive et de coquillages d'argent.

Ces nymphes chantent comme des sirènes ; elles savent les vers du berger de Syracuse ; elles te les diront dans la langue de l'Hellénie ; elles te donneront des pommes d'or, dans des corbeilles de cristal, et tu connaîtras, avec elles, ces amours de l'Olympe que les dieux révèlent aux héros mortels, en récompense de grands travaux accomplis.

— Olympia, dit Annibal, crois-tu que ces nymphes soient plus belles que toi?

— Garde-toi de mal parler des divinités!... moi je ne suis qu'une mortelle, et je ne puis rien te donner, pas même mon amour, car je ne veux pas mentir devant mes dieux comme d'autres femmes le feraient.

Si tu n'étais qu'un jeune statuaire de Corinthe ou de Mitylène, je pourrais te dire que je t'aime et te tromper par pitié. Les jeunes gens veulent toujours qu'une femme les aime, que ce soit mensonge ou réalité.

Mais avec toi, avec toi, qui gardes dans ton front les soucis de l'univers; avec toi qui ne peux t'inquiéter de ce qui se passe dans le cœur d'une pauvre femme; avec toi qui mérites une parole vraie, parce que tu es grand comme un dieu, je veux être sincère, comme la suppliante aux pieds des autels.

pour toutes ces déesses, et les adorateurs, courbés devant leurs autels, et laissant mourir d'amour leurs regards sur les saintes et voluptueuses images, encensaient Olympia, qui avait prêté sa chair au marbre de Paros.

Les artistes, plus heureux encore que les adorateurs, avaient pu mettre en réalité la fable de Pygmalion; et quand ils s'étaient épris de violents désirs pour leurs simulacres muets et froids, ils se retournaient vers la déesse vivante, mollement couchée sur ces coussins de pourpre, tissus dans la Campanie, et qui rendaient jalouse la ville de Tyr.

Telle était l'adorable femme qui vint,

aux portes de Capoue, enchaîner à ses pieds le jeune héros carthaginois.

Dès ce moment, Annibal suivit des yeux Olympia jusqu'aux portes de Capoue.

Rien ne put détourner ses yeux de cette femme; et lorsque le sénat de la ville vint présenter ses hommages au vainqueur, dans une harangue éternelle, selon l'usage de ces temps, Annibal n'écouta l'orateur patricien qu'avec une distraction marquée; il ne put même répondre qu'avec embarras et brièveté, lui si éloquent toujours:

« Je vous rends grâce de vos bonnes paroles, dit-il, l'univers ne compte que trois villes, Carthage, Capoue et Rome; bientôt, il n'en restera que deux. »

Écoutant ou parlant, il ne cessait de regarder, dans son cortége, la belle Olympia, qu'on aurait prise pour la reine de Capoue; elle se laissait facilement distinguer des autres femmes par sa taille, sa robe de pourpre, ses épaules d'une blancheur incomparable, ses cheveux tout étincelants de reflets d'or.

Les Gaulois, en passant devant elle, saluèrent cette jeune Grecque aux yeux bleus, qui leur rappelait les filles de leur doux pays.

Le crépuscule donnait ses dernières lueurs lorsque l'armée entra dans Capoue.

Aussitôt, depuis la porte Rome jusqu'à

la porte de Néapoli, dans une étendue de trois mille pas, toutes les îles s'illuminèrent de torches de résine, comme aux fêtes de Bacchus, et ce fut encore alors un spectacle plus merveilleux.

Les armes, les cuirasses, les visages de ces soldats d'Afrique et d'Europe se colorèrent de reflets rougeâtres; on aurait cru voir une armée tartaréenne sortie de l'Averne voisin; les femmes campaniennes se ruaient avec la frénésie de bacchanales au milieu des escadrons gaulois, en agitant les thyrses et les pommes de pin.

Les clairons jouaient, par dérision, l'hymne *Io pharo! io Bacche!* Capoue était en délices.

La nuit descendait avec tous ses mystères des fêtes de la bonne déesse.

Le lion de Carthage rugissait d'amour, et ne rencontrait que des sourires.

Le marché du Séplasia avait épuisé tous ses parfums sur les chevelures.

Puis, les torches s'éteignirent, et les prêtres fermèrent les temples des immortels.

Annibal avait confié à Magon la garde de la ville; il était entré en maître dans la maison de Stenius et Pacuvius, de la famille de Céler.

Deux esclaves lui servaient des pommes d'or de Sorrente, et des vases de vin nommés *abbe calene* dans la Campanie; auprès de lui était Iturix le Gaulois, son meilleur ami.

En cè moment, une esclave cubiculaire déposa devant Annibal un rouleau de papyrus scellé. Annibal rompit le sceau et lut :

In me ruens Venus deseruit Cyprim,
meus, festina.

— Par Neptune! dit-il, ces lettres sortent de l'antre du Sphinx ou de la grotte des Sirènes.

— C'est une trahison, dit le Gaulois; nous ne sommes pas éloignés du défilé où le consul Pontius tomba dans une embuscade.

Annibal réfléchit un instant.

— Iturix, poursuivit-il; c'est peut-être une colombe de Vénus qui m'apporte ce message?

— Les colombes nous servent de piéges, à nous Gaulois, pour prendre les aigles vivants.

— Que l'aigle soit pris si cela est dans les destins, dit Annibal en se levant de table.

— Que ton père Neptune te garde des embûches de la nuit.

L'ombre du fourbe Fabius erre autour de toi.

— Tu seras mon compagnon : que dis-tu, Iturix ?

— Toujours avec toi quand il y aura un Romain à tuer.

— Ceins ton glaive espagnol, Iturix; l'arme gauloise est mauvaise pour les périls de la nuit.

— Je suis prêt.

— Viens et suivons la colombe.

Annibal ceignit sa tête d'un voile roulé, dont les deux bouts retombaient sur ses épaules; il ne garda qu'une légère chlamyde, et sortit avec le Gaulois.

L'esclave cubiculaire marchait en avant de quelques pas, et portait une torche de résine.

« Il ne me manque, disait Annibal en

riant, que le joueur de flûte pour ressembler à Caius Duilius.

» Ces Romains, qui passent pour des hommes graves, font souvent des choses bouffonnes.

» Leur Caius Duilius nous prend par surprise, deux vieilles trirèmes qui nous embarrassaient, et, pour récompenser ce consul naval, on décréta au Sénat que Caius Duilius ne sortirait, de nuit, qu'accompagné d'un porte-flambeau et d'un joueur de flûte.

» Cela devait bien gêner ce consul dans ses promenades de nuit ; voilà une récompense qui ressemble bien à une punition. »

L'esclave éteignit sa torche et s'arrêta sur le seuil d'une maison peinte au safran.

La porte s'ouvrit, Annibal et Iturix allaient entrer ensemble, lorsqu'à un signe d'inquiétude que fit l'esclave, en se plaçant devant le Gaulois, Annibal comprit que l'accès de la maison n'était permis qu'à lui seul.

« Bien! dit le Gaulois; je veillerai. »

Annibal entra.

II.

II.

A la première heure du jour, de vagues inquiétudes se répandirent parmi les chefs de l'armée.

On faisait des rapports secrets à Magon et à Maharbal, on disait que des trahisons se préparaient dans la maison d'un citoyen nommé Penella, et qu'un poignard invisible menaçait Annibal.

Magon s'était rendu, les ténèbres favorisant, chez Stenius et Pacuvius Céler, pour donner de sages avis à son frère ; il n'avait trouvé qu'Isalen, le chef des Gétules, accouru, lui aussi de son côté, pour porter ses avertissements au général carthaginois.

Magon et Isalen montèrent, silencieux, la voie de Tifata, qui conduisait à la citadelle, et ils prêtaient l'oreille au moindre murmure de la nuit : mais rien ne justifiait leurs craintes.

Capoue dormait de ce sommeil profond

qui suit les veillées des fêtes de Saturne.

Autour des temples, dans les bois consacrés aux dieux immortels, on entendait comme des plaintes et des soupirs mystérieux, que Magon attribuait aux génies invisibles protecteurs de la Campanie vaincue.

Les deux guerriers traversèrent la grande place de l'Hécathéon, où depuis fut bâti le fameux amphithéâtre de Capoue, et, à l'angle du carrefour voisin, ils rencontrèrent Iturix qui veillait, debout, sur le seuil d'une maison.

— Mon frère, où est mon frère? dit Magon au Gaulois.

Iturix fit le geste de la déesse Muta, en

croisant l'index de sa droite avec ses lèvres.

Magon entraîna vivement le jeune Gaulois sur la place de l'Hécathéon.

— Quelle voix ennemie a conduit Annibal dans les embûches de cette maison? dit le Carthaginois à Iturix.

— La Campanienne, répondit le Gaulois.

— Quels indices as-tu de sa trahison ou de son amitié? Faut-il violer le seuil des divinités hospitalières? Faut-il laisser la porte fermée aux profanes?

— J'ai entendu les sons de la lyre grecque; j'ai respiré les parfums qui montaient de la *Nymphée*, et quatre heures se sont écoulées depuis que la lyre est muette, depuis que le feu s'est éteint sur les trépieds du bain. Allez, et soyez joyeux; je veillerai jusqu'aux premiers chants des clairons de Diane. Soyez aussi de bonne confiance dans le cœur et l'œil du Gaulois.

En disant ces choses et quelques autres encore, ils adoucirent leurs inquiétudes.

L'aube, qui verse la gaîté à ceux qui ont eu la veillée triste, blanchissait le faîte des îles.

Magon donna un sourire aux divinités qui président au jour; et, montrant à Iturix un nom écrit en lettres grêles et rouges sur la pierre ostiaire, il lui dit :

— Retirons-nous au loin, et respectons les mystères de la nuit. Allons!

Le nom écrit était celui-ci : *Olympia.*

Cependant les clairons des Gaulois vigilants sonnaient sur les murs de la haute citadelle : tout dormait encore dans la ville voluptueuse.

On ne voyait sur la voie romaine qui la traversait qu'un groupe joyeux formé par les jeunes Maures de Barca et les enfants de Marseille; ils allaient chasser ensemble dans le bois de chênes et de lauriers-roses qui couronnait le mont Tifata, et les Marseillais chantaient l'hymne à Diane Venatrix, qu'ils apportaient du plus beau temple que la déesse eût dans la Gaule.

Les marchandes de Casilinum arrivaient sur le Séplasia.

Les desservants des temples puisaient l'eau du sacrifice aux fontaines pures encore des souillures du jour, et ils ouvraient les portes des temples des dieux.

D'heure en heure la ville s'animait et se faisait bruyante, mais c'était l'agitation indolente d'un peuple qui se réveille pour le plaisir, et qui répugne aux dures obligations du travail.

On disait qu'Annibal devait donner des jeux et un festin public, et que le jeune héros allait paraître, en costume romain, sur la grande place de l'Hécathéon.

Les rues se jonchaient de fleurs, les îles se festonnaient de verdure ; l'encens brûlait sur le péristyle des temples; les prêtres couronnaient de roses et de myrthes les statues de leurs divinités.

Déjà le sénat en masse s'était rendu devant la maison des Céler, où, disait-on, Annibal se reposait, pour la première fois, du voyage du monde.

Le sénat et le peuple gardaient le plus profond silence, et ils attendaient impatiemment que l'ostiaire de Pacuvius ouvît la maison où dormait le vainqueur de Cannes.

Les sénateurs étaient presque tous des jeunes gens que la débauche avait vieillis, et qui justifiaient ainsi un titre que l'âge leur eût refusé.

Le chef du sénat répétait sa harangue, qui devait être courte, pour ne fatiguer ni le héros, ni l'assemblée, ni l'orateur.

Cependant la porte de Pacuvius ne s'ouvrait pas.

Non dans cette maison, mais dans une autre, Annibal était couché sur un lit de pourpre, et il écoutait une voix douce comme le son de la vague ionienne qui meurt dans le golfe de Tarente.

Cette voix parlait la langue divine inventée pour les dieux, les héros et l'amour.

— Fils d'Hamilcar, disait-elle, quand ton pied aura touché le chemin de Nola, tu auras oublié Olympia la Grecque !

— Et Olympia n'aura pas oublié, dit Annibal.

— J'oublie, je ne trahis pas; les dieux m'ont ainsi faite. Si je n'eusse aimé qu'un homme, j'aurais rendu malheureux tout ce que le ciel des deux Grèces a fait éclore de grand parmi les mortels.

— Et moi aussi, Olympia, je serais mort d'amour à tes pieds ; ce que n'ont pu faire six consuls, tu l'aurais fait, toi, faible femme! Que de reconnaissance je te dois!

— Ils m'ont tous parlé ainsi, ceux qui m'ont aimée.

— Et tu n'en as jamais aimé un seul?

Olympia mit ses bras d'ivoire en guise de collier au cou d'Annibal et lui sourit, en secouant sur son front ses longues boucles de cheveux.

— Jamais un seul? reprit Annibal.

— Jamais! dit Olympia avec un nouveau sourire, un sourire divin.

— Et que fais-tu de ta beauté?

— Je rends les dieux jaloux de tous mes amants.

— Et tu n'es pas heureuse, toi !

— J'attends, je cherche, j'espère. Voilà mon bonheur. Ah ! je paierais de tout l'or de mon épargne un seul de ces éclairs de volupté que j'ai vus luire sur le front de l'homme !

C'est ainsi !... Puissent les dieux verser la consolation dans mon cœur !... Annibal, as-tu vu des femmes comme moi, dis?

Un sourire de sphinx contracta la figure basanée du jeune Africain. Olympia répéta sa demande.

— Femme, dit Annibal, lorsque j'étais enfant, mon père me fit descendre dans le temple sous-marin de Typhou, le dieu vengeur, le dieu du mal.

Un prêtre de la ville d'Hermès immola un taureau noir sur l'autel, et remplit du sang de la victime une grande cuve de porphyre, le sang, à la lueur des torches, ressemblait à un fleuve de votre Tartare ; je le considérai longtemps, et je crus en voir sortir des flammes.

Nous n'étions que trois dans le temple, mon père, le prêtre et moi. Autour de nous se dressaient d'énormes statues de granit noir, avec des faces horribles et des couronnes de serpents ; devant l'autel était peinte, sur un fond de sang, la grande image de Typhou, qui, les lèvres gonflées de colère, secouait sur nous les lumières de son *fléau* : Je croyais entendre siffler à mes oreilles l'arme infernale de ce dieu, car le vent de la nuit tourmentait les vaisseaux dans le port, et jouait dans les cordages.

La flotte de Carthage s'agitait sur nos têtes, et le temple sous-marin était plein de bruits mystérieux et terribles qui lui venaient de la tempête et de la mer.

C'est là, devant ce prêtre, devant ces redoutables images, devant ce fleuve de sang, et dans cette formidable nuit, que mon père me demanda un serment.

Mon père n'était pas la figure la moins imposante de ce tableau.

Ses yeux noirs lançaient des flammes, sa barbe s'agitait sur sa poitrine comme une toison à la gueule d'un tigre ; il me tendait une de ces antiques et lourdes épées que les soldats de Cambyse ont laissées dans les sables d'Ammon.

Je me précipitai sur cette arme avec une furie fiévreuse, je la soulevai de ma main d'enfant et prenant à témoin les divinités de la nuit, les génies du grand désert, les simulacres du temple, je jurai à la ville de Rome une haine de sang et de mort.

A ma voix, les trirèmes carthaginoises tressaillirent sur ma tête ; le vent souffla du désert, comme pour me favoriser, et pousser la flotte à la mer Tyrrhénienne ; les échos du temple m'applaudirent ; le taureau du sacrifice exhala son dernier mugissement; je crus entendre le dernier soupir de Rome, la ville abhorrée! Mon père me serra sur sa poitrine, et ses augustes larmes brûlèrent mon front.

Dix ans se sont écoulés depuis cette nuit solennelle jusqu'au jour tant désiré, où je partis pour attaquer Sagonte, la ville alliée des Romains : ces dix ans n'ont fait que continuer cette nuit.

Mes rêves de solitude et de sommeil étaient tous à Rome; je n'avais qu'un souvenir, mon serment; qu'une idée, la vengeance. Mes regards devoraient la mer qui me séparait de l'Italie; chaque jour, et cent fois le jour, je traçais avec mon épée, sur le sable du rivage, de longues lignes qui figuraient ma route de l'Afrique à Rome ; ce dernier cercle immense qui commençait à Sagonte et finissait à Tarente.

Ose me demander maintenant, Olympia, si j'ai livré un seul instant de ma jeunesse aux plaisirs.

La seule femme que j'aie poursuivie, cette Rome, elle a eu toutes mes pensées de dix ans ; j'aurais craint de donner à cette passion de haine une rivale d'amour ; le nom de Rome roulait continuellement dans ma bouche ; il n'y avait pas d'autre place pour un autre nom.

Ce n'est qu'après avoir frappé quatre

fois au cœur cette ville maudite, que j'ai laissé tomber un regard sur le visage d'une femme, sur le tien, belle Olympia. Que les destins soient bénis!

Olympia effleura de ses doigts caressants les cheveux noirs et rudes d'Annibal.

— Tu es un héros, un Dieu, lui dit-elle; tu mérites l'amour d'une déesse. Il y a des nymphes belles et chastes qui habitent les grottes marines de Néapoli; quand tu seras sur le sable d'or de leur golfe sacré, sans doute, la plus belle de ces immortelles t'appellera par ton nom, et te montrera son lit nuptial d'algue vive et de coquillages d'argent.

Ces nymphes chantent comme des sirènes; elles savent les vers du berger de Syracuse; elles te les diront dans la langue de l'Hellénie; elles te donneront des pommes d'or, dans des corbeilles de cristal, et tu connaîtras, avec elles, ces amours de l'Olympe que les dieux révèlent aux héros mortels, en récompense de grands travaux accomplis.

— Olympia, dit Annibal, crois-tu que ces nymphes soient plus belles que toi?

— Garde-toi de mal parler des divinités!... moi je ne suis qu'une mortelle, et je ne puis rien te donner, pas même mon amour, car je ne veux pas mentir devant mes dieux comme d'autres femmes le feraient.

Si tu n'étais qu'un jeune statuaire de Corinthe ou de Mitylène, je pourrais te dire que je t'aime et te tromper par pitié. Les jeunes gens veulent toujours qu'une femme les aime, que ce soit mensonge ou réalité.

Mais avec toi, avec toi, qui gardes dans ton front les soucis de l'univers; avec toi qui ne peux t'inquiéter de ce qui se passe dans le cœur d'une pauvre femme; avec toi qui mérites une parole vraie, parce que tu es grand comme un dieu, je veux être sincère, comme la suppliante aux pieds des autels.

Annibal, je t'admire et je ne t'aime pas; je n'aime personne, Annibal. Je croyais pourtant que je t'aimerais; et ce matin encore, je me disais : oh! qu'il est doux, qu'il est beau d'avoir cet homme à ses genoux, là, comme un enfant! d'enchaîner avec mes doigts ce lion qui a bondi du désert sur mon lit d'ivoire!

Quand j'enlace mes bras à ton cou et que ta voix murmure des paroles langoureuses à mon oreille, je te vois à Cannes et à Trasimène : terrible comme le dieu de la Thrace, lançant des rayons de terreur; agitant deux armées avec un seul regard, roi du monde, rival du ciel!

Il me semble alors que mon enthousiasme pour tant de gloire va me donner un tressaillement de volupté; il me semble que je vais m'élever à la puissance de ton délire d'amour. Hélas, je suis toujours ce que j'étais, heureuse de ton bonheur, malheureuse de mon néant.

Mais, au moins, cette épreuve est la dernière; nul homme, désormais, ne me donnera ce qu'Annibal n'a pu me donner : c'est une sorte de consolation pour moi; et je te remercie de m'avoir révélé toute ma misère dans tes embrassements de héros.

Si tu me quittes, ma pensée te suivra comme une amie invisible. Si tu restes, je serai ton esclave; je te servirai comme aujourd'hui, à ce *bielinium* hospitalier ; je jouirai de vivre dans ton ombre, d'écouter la voix harmonieuse, et pourtant si formidable dans les mêlées; de baiser cette main droite qui a terrassé des géants, d'avoir un sourire de ce visage qui a passé comme un météore, d'effroi dans l'univers.

Deux larmes limpides et brillantes comme des perles d'Ophir roulèrent sur les joues d'Olympia.

Le héros cueillit avec ses lèvres ces deux bijoux de femme, et se leva en jetant un regard sur une trombe de soleil qui, soudainement, illuminait la cour sombre de l'*impluvium*.

— Femme, dit Annibal, le soleil, mon père, m'avertit de mes retards; une armée et le monde m'attendent. Que Vénus et les Grâces décentes te gardent ta beauté! je salue tes pénates hospitaliers; ils m'ont été propices et doux.

Disant ces mots, il ceignit sa tête d'un bandeau de pourpre, dont l'agrafe faisait jaillir la plume d'un aigle tué sur les Alpes.

Il jeta négligemment sur son dos la casaque consulaire, et fit un pas vers l'*atrium*.

— Ainsi, tu pars, dit la jeune femme avec une voix si douce qu'elle semblait amoureuse.

Annibal fit un signe d'affirmation.

— Et quand te reverrai-je? dit Olympia.

— Aux premières ombres du soir, répondit Annibal à voix basse.

— Non, demain, aux premiers rayons du jour.

— Qu'il soit fait selon ta volonté.

Annibal sortit.

Il était soucieux comme après une défaite, et ce front héroïque, dont les tempêtes alpines et le fracas des batailles n'avaient pu troubler la sécurité, devenait sombre à mesure qu'il s'éloignait de l'éblouissante Campanienne.

Iturix, le Gaulois vigilant, remarqua le

premier la sombre indécision du héros qu'un pouvoir surnaturel semblait retenir sur le seuil de la maison.

— Je te rends grâces, lui dit Annibal, et je reconnais la fidélité du Gaulois.

— La ville est en grande rumeur, dit Iturix; hâtons-nous, des périls suprêmes nous attendent peut-être.

— Puisses-tu dire la vérité ! Iturix ; j'aime mieux les périls que les soucis.

Et à mesure qu'ils avançaient dans la ville, le tumulte se faisait plus grand, comme si toute la population se fût révoltée et qu'elle eût préparé par ses caresses de la veille, sa vengeance du lendemain.

Dans cet ouragan de clameurs lointaines, Annibal distinguait les rugissements de ses Africains, qui dominaient de longs hurlements de femmes; il dit alors à Iturix : mes tigres dévorent une proie révoltée, c'est bien. Et ils couraient tous deux dans la direction du tumulte.

Le Gaulois brandissait déjà son épée; Annibal laissait la sienne dans le fourreau.

— Ton cheval, donne-moi ton cheval, cria le héros à un cavalier numide qui passait.

— Annibal est vivant! s'écrie le Numide, et il s'élança par-dessus la tête de son cheval avec un agilité merveilleuse, au même instant qu'Annibal, non moins leste que lui, le remplaçait sur le dos nu et poli de l'étalon.

La vaste plaine qui s'étendait devant la maison des Céler et les rues qui venaient aboutir à cette place étaient inondées d'une foule immense de citoyens sans armes et de soldats carthaginois.

Les sénateurs, chargés de fer, étaient gardés par des sentinelles, et ils ressemblaient à des victimes qui attendent le sacrificateur.

On disait partout qu'Annibal avait été assassiné par le fils du patricien Pérolla, et Magon attendait que le soleil fût au milieu de sa course pour tirer une vengeance terrible de la mort de son frère.

Les soldats demandaient du sang ; l'exaspération de l'armée était au comble, Annibal ne paraissait pas, lui qui jamais n'avait fait défaut une fois au premier appel de ses Carthaginois.

Tout-à-coup, à l'angle d'un carrefour, éclate la casaque rouge du héros, et l'intelligent cheval du Numide semble jeter, par une vive secousse, son superbe cavalier aux premiers groupes de la foule.

— Annibal ! voilà Annibal ! cent mille voix répétèrent ce cri.

— Me voici ! me voici ! dit le héros ; quelle crainte romaine a troublé le cœur de mes soldats? Ne sommes-nous pas ici en pleine sécurité, au milieu des citoyens de la Campanie? Soldats, ne permettez-vous pas à votre général de continuer, à Capoue, le dernier sommeil qu'il a comencé à Carthage? Abjurez donc ces vaines terreurs; demain je serai levé avant le chant du coq !

Des cris unanimes d'une joie délirante accueillirent les paroles du héros.

L'armée et les citoyens portèrent Annibal en triomphe au Champs-de-Mars, vaste plaine qui longeait le Vulturne, comme le Tibre à Rome.

Ce fut là que l'armée, par les ordres de Magon et de Maharbal, se rangea sur trois lignes, selon la coutume latine, Annibal, à pied, parcourut les rangs de ses guerriers africains, espagnols, gaulois, haranguant chaque centurie, parlant avec amité aux mutilés et aux plus braves, distribuant des dons et recevant à chaque pas, les acclamations d'amour de toute cette sauvage famille dont il était le père intelligent, et le chef adoré.

Lorsque les lignes furent rompues et que les soldats se livrèrent aux jeux, le peuple de Capoue, qui s'était tenu à l'écart, se mêla aux soldats pour prendre part à leur joie et à la fête.

C'est alors qu'il fut aisé de voir combien était vieille déjà l'amitié d'un jour, qui s'était établie entre les vainqueurs et les femmes campaniennes.

Aussi n'est-on pas étonné de lire dans Tite-Live que chaque soldat, abandonnant Capoue, emmenait avec lui une maîtresse.

Quel était le prestige qui avait fasciné ces femmes, ainsi subjuguées par les étrangers, on peut l'expliquer, à l'aide de la phrase de cet historien latin : *civitas prona in luxuriam*. Pour moi, je ne me l'explique pas du tout.

Tite-Live avait connu les Campaniennes; mais ces femmes n'existent plus.

— Iturix, disait Annibal, toujours soucieux, je donnerais mes quatre victoires pour être le dernier de mes soldats.

Regarde comme ils sont heureux ; regarde comme je suis triste.

Quel singulier partage ! la joie à l'armée, l'inquiétude au général !

— Et la gloire ! à qui ? dit le Gaulois, avec un regard et un accent pleins de fierté.

— La gloire... oui... la gloire, c'est beaucoup pour moi. Après mille ans éteints, personne, dans l'univers, ne saura le nom de ce cavalier de Técher, qui m'a prêté son cheval. Je ne le sais pas moi-même... Oui, la gloire est une grande chose... Mais est-ce pour la gloire que je me suis fait général ? C'est pour une vengeance de sang et de mort ! La vengeance sera bientôt assouvie ; il faudra que je me réfugie alors dans le besoin de la gloire, pour me consoler d'être l'esclave de mes soldats.

— Que dis-tu, Annibal?

— Ne l'as-tu pas vu, Gaulois? Ni mes jours, ni mes nuits ne m'appartiennent.

Je suis le prisonnier de mon armée; depuis longtemps elle s'est habituée à me voir à toutes les heures ; elle s'endort sous ma vigilance, elle se réveille devant mes yeux ouvert.

Les choses étant ainsi, je dois continuer à me dévouer à tant de braves guerriers, qui m'ont suivi aveuglément, insoucieux de mon but et de mes moyens. La nuit dernière, le poignard d'une courtisane aurait pu m'enlever à cette armée, qui ne vit que par moi et pour moi. Hélas! les séductions de la volupté ne sont pas assez impérieuses pour m'arracher à mes devoirs

Tu ne saurais dire, ô Iturix, quelle amertume profonde cette nuit et cette femme ont déposée au fond de mon cœur. Non, cela ne mérite point qu'on lui sacrifie une armée. Laissons-les, eux, ces heureux soldats, s'enivrer des délices du moment; il faut que leur chef garde toute sa force virile pour retremper leur courage, s'il s'amollissait un jour.

Ainsi sera-t-il fait, parce qu'Annibal l'a

dit. Iturix, crois mes paroles, je remporte ce matin une victoire plus difficile à obtenir que Trasimène et Cannes. Tu ne connais pas Olympia. Annibal cessa de parler, et il semblait se plaire à regarder la foule joyeuse qui couvrait le Champ-de-Mars. Par intervalles, il arrêtait un de ses soldats, et lui disait :

« Toi, tu t'es jeté à la nage, le premier, pour traverser le Rhône, devant Ugernum *

» Toi, tu as planté l'étendard du lion punique sur les Hautes-Alpes.

---

* Ugernum, aujourd'hui Beaucaire : ce fut la que les aventureux gerriers de Marseille se réunirent à l'aile droite de l'armée d'Annibal.

»Toi, tu as guidé mon éléphant à travers les marais de l'Étrurie.

»Toi, tu as conquis le premier étendard romain, dans la ligne des vexillaires, à Trasimène.

»Toi, tu t'es battu en combat singulier avec Minutius, le chef de la cavalerie.

»Toi, à Cannes, tu as tué de ta main quatre jeunes patriciens. »

Et à tous ces braves, Annibal tendait la main, et donnait un sourire.

Le Champ-de-Mars retentissait d'acclamations ; cette première journée fut sereine, mais elle ne se renouvela plus.

Déjà le lendemain les présages étaient sinistres

Cependant l'armée, pleine de confiance en son chef, continuait sa fête et sa débauche; les jours s'écoulaient pour elle dans une insouciance voluptueuse qui rachetait enfin les longues agitations du camp. Annibal ne quittait le toit de Pacuvius Céler que pour donner des soins paternels à ses soldats.

Sur ces entrefaites un bruit se répandit que les consuls Q. Fabius et Appius Claudius s'étaient mis en campagne et marchaient sur Capoue.

Annibal résolut de prendre des quartiers meilleurs et plus sûrs à Nola ou à Néapoli, deux cités bien munies et inexpugnables.

Un matin, l'ordre du départ fut donné.

C'était l'heure ou la sentinelle donne des actions de grâces à Hécate et à l'Érèbe, qui l'ont protégée contre les embûches de la nuit.

L'armée se disposait en ordre de route sur le Champ-de-Mars.

Les clairons africains jouaient l'air égyptien des mystères d'Isis, Capoue versait toutes ses femmes échevelées sur la voie qui mène aux remparts.

Annibal faisait des lettres à Magon et à Isalca, dans l'atrium des Céler. Une femme tomba devant lui comme une apparition.

C'était Olympia.

Elle portait une robe noire semée d'étoiles, comme la robe de l'Érèbe. On l'aurait prise pour la divinité de la nuit, descendue du ciel sur un rayon du soleil.

— Tu pars! dit-elle, et la voix expira sur ses lèvres et elle baissa les yeux.

— Femme! dit Annibal, quel Dieu ennemi de Carthage a conduit ce matin tes pas vers le seuil de cette maison. Garde-toi bien de te montrer à mes soldats? et de me donner devant eux un sourire ou une larme, de peur qu'ils ne connaissent la faiblesse de leur général.

— Ainsi, je serai amenée à Rome comme une esclave à quelque patricien qui se souviendra de Cannes et de Capoue.

— Les dieux te garderont de ce malheur ; les dieux protégent la beauté.

En ce moment on entendait défiler la cavalerie des Gétules, et l'air était frappé des voix des chefs qui répétaient le commandement d'Isalca.

— Tu l'entends, Olympia, dit Annibal, on part. Il faut que je coure à la porte de Nola pour me montrer à l'armée. Écoute, Olympia, je veux te laisser un souvenir de moi ; je vais envoyer au fondeur assez de boisseaux d'or pour te faire un diadème et un trône.

— De l'or, dit Olympia, et elle fit un sourire de mépris ; tu m'offres de l'or ! je te pardonne ; tu n'as jamais parlé qu'à des soldats; tu n'es qu'un héros, tu n'es pas un amant. Garde tes boisseaux d'or, Annibal. Je ne te demande que cette plume d'aigle qui pare ton bandeau. Donne et je pars.

Et au dehors les Gaulois chantaient le refrain de l'hymne druidique :

« *Teutates veut du sang, Teutates a par-*
» *lé au chêne. Nous chanterons à l'heure de*
» *notre mort.* »

— Voilà ce que tu demandes, Olympia! dit Annibal. Tu le vois, les instants ne sont pas à la volupté. Et il détacha la plume d'aigle du bandeau et l'offrit à la jeune femme.

— C'est bien ! dit Olympia, je n'aurai

pas d'autre parure désormais. Si je suis conduite à Rome en esclave, je montrerai ce joyau de gloire à mes maîtres, et ils pâliront.

Maintenant, je veux te faire un don, moi. Capoue est la ville des parfums et des poisons. Tiens, prends cette bague, elle renferme dans son chaton un suc terrible, qui tue comme un poignard enfoncé au cœur.

Si quelque jour le sort des armes te devenait contraire, cette bague te sauvera la honte d'escorter un char triomphant.

— Je l'accepte, dit Annibal; ainsi ma dernière pensée sera pour toi. Et quelques instants après Annibal n'était plus à

Capoue; il marchait sur Nola et Néapoli. Capoue désolée croyait déjà voir le génie vengeur de Rome debout sur la borne miliaire, scellée de la louve et des gémeaux.

FIN DU QUATRIÈME ET DERNIER VOLUME.

NOUVEAUTÉS EN VENTE

LES CONFESSIONS DE MARION DELORME
PUBLIÉES PAR EUGÈNE DE MIRECOURT,

Precedées d'un coup d'œil sur le siecle de Louis XIII, par Héry

---

BALZAC.

Le Provincial à Paris	2 vol
La Femme de soixante ans	5 vol
La Lune de miel	2 vol
Petites Miseres de la vie conjugale	5 vol
Modeste Mignon	4 vol

CLÉMENCE ROBERT.

Les Mendiants de Paris	5 vol
Le Tribunal secret	4 vol
Le Pauvre Diable	2 vol
Le Roi	2 vol
William Shakspeare	2 vol
Mandrin	4 vol
Le Marquis de Pombal	1 vol
La Duchesse d'York	1 vol
Les Tombeaux de Saint Denis	2 vol
La Duchesse de Chevreuse	2 vol

EMMANUEL GONZALÈS.

Memoires d'un Ange	4 vol
Les Frères de la Côte	2 vol
Le Livre d'Amour	2 vol

HENRY DE KOCK.

La Course aux Amours	5 vol
Lorettes et Gentilshommes	5 vol
Le Roi des Etudiants	2 vol
La Reine des Grisettes	2 vol
Les Amants de ma Maîtresse	2 vol
Berthe l'Amoureuse	2 vol

ÉLIE BERTHET.

Le Nid de Cigogne	5 vol
Le Braconnier	2 vol
La Mine d'or	2 vol
Richard le Fauconnier	2 vol
Le Pacte de Famine	2 vol

ROLAND BAUCHERY

Les Bohemiens de Paris	2 vol
La Femme de l'Ouvrier	2 vol

Mme CHARLES REYBAUD

Theresa	2 vol

PIERRE ZACCONE

Le Dernier Rendez Vous	2 vol.

MÉRY

Le Transporte	2 vol
Un Mariage de Paris	2 vol
La Veuve inconsolable	2 vol
Une Conspiration au Louvre	2 vol
La Floride	2 vol

PAUL FÉVAL

La Femme du Banquier	4 vol
Le Mendiant noir	5 vol
La Haine dans le Mariage	2 vol

MOLÉ-GENTILHOMME.

Les Demoiselles de Nesle	5 vol
Le Chateau de Saint-James	4 vol
Marie d'Anjou	2 vol
La Marquise d'Alpujar	4 vol
Le Rêve d'une Mariée	2 vol

AMÉDÉE ACHARD.

Roche Blanche	2 vol
Belle Rose	5 vol
La Chasse royale	4 vol

MICHEL MASSON.

Les Enfants de l'Atelier	4 vol
Le Capitaine des trois Couronnes	4 vol
Les Incendiaires	4 vol

SAINTINE.

La Vierge de Fribourg	4 vol

LÉON GOZLAN.

La Dernière Sœur grise	4 vol

P.-L. JACOB.

Memoires de Roquelaure	7 vol

ROGER DE BEAUVOIR.

L'Abbé de Choisy	3 vol
Memoires de Mlle Mars	2 vol

EUGÈNE DE MIRECOURT.

Madame de Tencin	2 vol
La Famille d'Arthenay	2 vol

SAINT-MAURICE

L'Elève de Saint Cyr	2 vol

PARIS — IMPRIMERIE SIMON RAÇON ET Cie, RUE D'ERFURTH, 1

www.ingramcontent.com/pod-product-compliance
Lightning Source LLC
Chambersburg PA
CBHW071250160426
43196CB00009B/1233